生态型组织

著
[比] 阿尔努·德·梅耶尔（Arnoud De Meyer）
[英] 彼得·J. 威廉姆森（Peter J. Williamson）
译 张瀚文

Sustaining Competitiveness in the Face of DISRUPTION

Ecosystem
EDGE

中信出版集团 | 北京

图书在版编目（CIP）数据

生态型组织 /（比）阿尔努·德·梅耶尔，（英）彼得·J. 威廉姆森著；张瀚文译 . -- 北京：中信出版社，2022.5
书名原文：Ecosystem Edge: Sustaining Competitiveness in the Face of Disruption
ISBN 978-7-5217-3647-2

Ⅰ. ①生… Ⅱ. ①阿… ②彼… ③张… Ⅲ. ①贸易经济学－生态经济学－研究 Ⅳ. ① F710

中国版本图书馆 CIP 数据核字（2021）第 212982 号

Ecosystem Edge: Sustaining Competitiveness in the Face of Disruption by Arnoud De Meyer and Peter J. Williamson.
Copyright © 2020 by the Board of trustees of the Leland Stanford Juinior University.
All rights reserved.
Simplified Chinese translation copyright © 2022 by CITIC Press Corporation
本书仅限中国大陆地区发行销售

生态型组织

著者：　［比］阿尔努·德·梅耶尔　［英］彼得·J. 威廉姆森
译者：　张瀚文
出版发行：中信出版集团股份有限公司
　　　　（北京市朝阳区惠新东街甲 4 号富盛大厦 2 座　邮编 100029）
承印者：　中国电影出版社印刷厂

开本：787mm×1092mm 1/16　　印张：16.75　　字数：200 千字
版次：2022 年 5 月第 1 版　　　　印次：2022 年 5 月第 1 次印刷
京权图字：01-2020-4340　　　　　书号：ISBN 978-7-5217-3647-2
定价：69.00 元

版权所有·侵权必究
如有印刷、装订问题，本公司负责调换。
服务热线：400-600-8099
投稿邮箱：author@citicpub.com

催化、塑造和领导一个商业生态系统，
应对颠覆、不确定性和快速的技术进步。

目　录

推荐序
大变局，需要生态战略　　　　　　　　　　　　／ V

前言
来自剑桥的创新实践　　　　　　　　　　　　　／ XI

第一章
数字化转型时代的挑战　　　　　　　　　　　　／ 001

第二章
生态型组织优势　　　　　　　　　　　　　　　／ 029

第三章
开辟新的价值源　　　　　　　　　　　　　　　／ 047

第四章
选择第一批合作伙伴　　　　　　　　　　　　　／ 075

第五章
让愿景和定位更清晰　　　　　　　　　　/ 099

第六章
建立信任机制，提升协同效率　　　　　　/ 127

第七章
专有知识的共享标准　　　　　　　　　　/ 151

第八章
持续盈利并保证公平　　　　　　　　　　/ 173

第九章
实现人和组织的共同进化　　　　　　　　/ 195

第十章
未来的竞争　　　　　　　　　　　　　　/ 219

推荐序

大变局，需要生态战略

曹仰锋

香港创业创新研究院院长

《第四次管理革命》作者

当前，企业的发展正处在百年之未有的大变局时代。在宏观层面上，肆虐全球的新冠肺炎疫情危机尚未结束，俄罗斯与乌克兰的战争危机又引发了人们的担忧，疫情与战争双重危机的叠加让全球经济的复苏前景更加暗淡，企业发展面临着前所未有的危机与挑战；在微观层面上，企业的发展正在遭遇数字化浪潮的颠覆。在数字时代，创新的实质正在发生变化：客户不再只是要求对产品和工艺实现创新，无论是B2C（商对客）还是B2B（商对商）的商业模式，客户都会对解决方案提出更加苛刻的要求，企业需要对客户复杂的需求和问题提供创新的、综合的解决方案。

面对难以预测的未来，企业未来的战略是什么？企业的竞争优势是什么？针对这两个事关企业生死存亡的核心问题，剑桥大学贾奇商学院前院长阿尔努·德·梅耶尔和管理学教授彼得·J.威廉姆森合著的《生态型组织》一书给出了清晰的答案。他们明确指出，成功的战略需要因地制宜，成功的战略有一个共同点：在未来，成功的战略将取决于如何有效地领导你的商业生态系统。通过联手不同的合作伙伴，它们会实现全新的赋能，推动创新，进而改变你的组织。简言之，企业需要构建一个充满活力的合作伙伴生态系统，唯有如此，才能在大变局时代保持持续的竞争优势。

这本书不是概念的陈述，也不是理论上的雄辩，而是根植于深度的案例研究，给读者呈现了打造生态型组织的实践指南。两位作者历时十年时间，对剑桥大学创业中心产业群、亚马逊、ARM（全球领先的半导体知识产权提供商）、阿里巴巴、雅典娜健康等带领下的生态型组织进行跟踪研究，从价值、合作伙伴、定位、创新、效率、协同、盈利等方面，为企业打造或加入生态型组织提供循序渐进的可实施步骤。

十多年来，我一直专注于研究企业的战略变革，尤其是聚焦于企业如何在数字经济时代从传统的战略模式转向生态战略模式。在研究方法上，我同样使用了多案例研究方法，对亚马逊、苹果、阿里巴巴、海尔、丰田汽车、西门子六家《财富》世界500强的战略变革进行了深度研究，并于2019年在中信出版社出版了《第四次管理革命》一书。我发现这六家企业在战略变革上无一例外，全部转向了生态战略，并致力于通过构建平台生态系统来为客户提供全面的解决方案，从而获得持续竞争优势。后来，受海尔集团董事局名誉主席张瑞敏先生关于"黑海战略"论述的启发，我将生态战略比喻成"黑海战略"，并于2021年在中信出版社出版了《黑海战略》一书。应当说，两本书的研究成果与这本《生态型组织》的研究结论高度一致，且在内容上高度互补，这也再次验证了一个强有力的观点：在科技创新和产业升级的趋势下，不同领域的企业集聚在一起，发挥各自在技术、知识、流量和资产上的优势，形成商业生态系统，将会产生远超任何一家单打独斗的公司所能产生的效益和价值。

在黑海战略（生态战略）的指引下，越来越多的企业正在构建一种新型的组织，梅耶尔和威廉姆森两位教授将这种组织称为"生态型组织"。生态型组织是一种介于企业等级制度和自由市场之间的混合组织形式。两位作者认为，尽管传统的企业层级结构具有交易成本较低的优势，能够最大程度统一参与者和专家的行为，使之保持一致，并优化彼此交流互动的界面，从而降低风险和不确定性，但企业层级结构并不适合在以客户为导向的解决方案中实现创新，因为这种解决方案需要从分散在世界各地的不同公司和组织中汲取复杂的知识，也不适合在瞬息万变的环境中迅速灵活地重新配置资源。

他们发现，生态型组织不仅能够及时捕捉技术创新带来的红利，有效抵御风险，还能够快速实现规模化增长。两位作者认为，在数字经济时代，成就规模经济的途径已经发生变化。过去，规模经济取决于公司的体量；而现在和未来，规模效益将依赖商业生态系统。制胜的关键在于形成规模，从全局角度把握机会，而不是单纯地尽可能抓住每一个机会。利用商业生态系统带来的网络效应，即每增加一个用户，就可以为生态系统中的所有合作伙伴和客户增加产品或服务的价值，通常是赢得规模化竞争的决定性因素。

我认为，生态战略给企业带来的不是低质量的规模增长，而是可持续的高价值增长，这样的增长才有韧性。两位作者也发现，那些实施生态战略的公司能够更加灵活利用全新的、广泛的合作伙伴能力来支持公司新的商业模式，从而在面对不可预测的破坏性力量时有备无患。在这本书中，两位作者给企业领导者提出了一个忠告，要顺应颠覆之大趋势，进入一个成熟的行业并取得成功，企业需要具备现有行业玩家之外的能力和经验，比如跨行业的知识、不同的分销渠道、可替代的营销方法、与客户互动的全新模式以及新技术。生态系统战略恰恰能够解锁全新领域多方面的知识。如果执行得当，生态系统将使企业借助全新的知识来收获可观的网络经济效益，而这种经济效益会远远超过任何一家单独拼搏的公司的传统规模经济。更为重要的是，生态战略还可以帮助企业轻松应对许多当下面临的紧迫挑战：在满足客户不断增长的需求的同时，使公司专注于最擅长的领域；用更多创新应对挑战；使组织变得更加敏捷。

企业若想在高度动荡的环境中求生存与发展，敏捷力非常重要。两位作者发现，生态战略还可以使组织变得更加敏捷。因为生态系统能够利用大型的、动态的、具有一定自组织能力的合作伙伴网络来为客户服务。犹如一个活的有机体，生态系统会不断进化和调整，以满足世界不断变化的需求。作为生态系统的领导者，自己的组织也需要做出全方位的调整，从而更有效地利用不断变化的合作伙伴网络。这些新的角色、流程和领导风格会进一步将现有的组织结构转变成更敏捷的形式。

为什么生态战略能够帮助企业适应不确定性高、变革快速、消费者日趋苛刻的大变局时代？两位作者发现生态战略有三个核心特征，可以有效帮助企业抵御危机，增强增长的韧性。

第一，生态系统战略在促进联合学习方面非常有效，生态系统中的焦点企业都是通过激励各自的生态系统在合作伙伴网络中进行更多学习，其速度远远快于任何参与者单独学习的速度。一个成功的生态系统将许多具有不同能力和专业知识的合作伙伴结合在一起，并促使它们互帮互助、共同学习。在追求自身利益的过程中，这种互动创造了大量的新知识。部分知识成果将被公司作为专有知识，从而优化自己的业务，用以开辟新的利润流。

第二，生态战略使公司有机会领导复杂的合作伙伴网络，从而使生态系统在创新、交付和支持产品或解决方案方面比纯粹的自组织系统更有效。

第三，生态战略具有高度的灵活性，使合作伙伴能够根据环境变化不断调整其活动。但不同于自由市场，生态系统战略的调整会影响合作伙伴的产品与战略，使其做出与自身利益一致的改变。因此，充满活力的生态系统可以使参与者的各项活动、投资和角色不断变化，以应对系统的意外变化。

总而言之，这本书阐释了在一个技术快速发展、充满颠覆和不确定性的世界中，企业如何通过催化、塑造和领导一个商业生态系统来获得竞争优势，并充分发挥其潜能，获取更大的成功。

在大变局时代，未来的企业只有两种命运——要么生态化，要么被生态化。我认为，不管是大企业，还是中小企业，都需要制定自己的黑海战略。对于许多大型企业而言，它们致力于扮演生态系统的领导者，而对于许多小型的专业化企业来说，它们则需要制定融入生态系统的策略。这本书在内容上很好地进行了兼顾，不仅仅为大企业如何构建商业生态系统给予了切实可行的策略，还对中小型企业如何利用生态战略来获得优势提供了实践指南。

未来难以预测，我们只能顺应时代的潮流，既要对战略方向进行前瞻性的规划，又要坚实地走稳当下的每一步。伴随数字经济的来临，生态系统的兴起将会改写竞争规则和竞争战略。正如两位作者在这本书中所言，以成本领先战略为代表的传统竞争战略终将被取代，因为这种战略建立在企业生产的产品和服务数量的增长之上，借助规模经济将成本降低至竞争对手的下限，但这种竞争方式的局限性越来越大。在竞争激烈的生态系统世界中，成本优势将来自聚集整个合作伙伴网络的规模，巨大的规模可以分散设计、创新、生产、分销等方面所花费投资的固定成本。网络经济的能力将变得关键。

和两位作者一样，我也相信，在数字经济催生的大变局时代，学习和创新将成为企业生存的决定性因素，黑海战略将是数字时代的新战略模式。随着数字技术的不断改进，与世界任何地方进行联系和合作的机会都将扩大，构建生态系统将成为新的竞争战略。可以预测的是，未来市场中的生态系统将越来越多涌现。我真诚地向读者朋友们推荐《生态型组织》这本书，它能够为企业布局和构建生态系统提供实践指南。

2022 年 3 月 19 日

前　言

来自剑桥的创新实践

2008年的一个下午，阳光明媚。我们两人坐在剑桥一家酒吧的露台上，交流最新研究的心得。当时彼得已经完成对ARM公司第二个版本的案例分析，ARM标志着剑桥的最高科技水平。阿尔努花了很长时间研究剑桥的"硅沼"——剑桥大学的创业中心网络——是如何运作的。我们一边喝着澳大利亚霞多丽酒，一边交谈，发现这些公司的创新方式与介绍硅谷创新的图书中提及的有所不同。剑桥的公司创新不依赖于某一家公司，不会以这家公司为主导将零部件的开发分包给各个供应商。剑桥的公司倾向于相互依赖，并在同行之间开展创新。ARM的故事便是一家小公司动员了全球的网络来实践创新。做一个形象的比喻，这些公司在一个相互影响的社区中运行，这些组织非常融洽地适应它们的环境，这就类似于一个生物生态系统。我们对此很感兴趣，并开始在各类高层会议中探讨如何启动生态系统，进而实现创新。无论是在英国、新加坡、中国，还是蒙古国，与会高管都做出了积极响应，分享了他们的公司是如何因地制宜地利用生态系统的，尽管有时并不是有意识地这样做。我们还阅读了相关文献，发现已经有人,特别是摩尔和阿德纳,已经暗示过这类生态系统的存在,以及它们相对于传统供应链的优势。

2012年,我们在《加州管理评论》上发表了一篇题为《生态系统优势:驾驭合作伙伴的力量》的论文。我们的想法后来得以验证,通过ARM和达索系统的案例,以及其他许多旁证,我们能够确定较之以往,生态系统更灵活,更善于学习,在面临不确定性时更善于创新。我们还明确了打造生态系统优势的六个关键因素:确定生态伙伴的附加值,形成丰富的生态角色,激励伙伴间互补投资,降低交易成本,鼓励彼此间的学习,制定价值获取机制。这篇论文极大地帮助我们与更多的高管和研究人员分享生态系统在创新中的作用。生态系统的概念得到一定程度的认可。我们讨论的问题包括"如何评价可以提升你的公司价值的生态系统""如何建立和发展这样的生态系统"。

同期,阿尔努搬到新加坡。我们偶尔的见面通常是在新加坡人力资本领导学院(HCLI)组织的会议上。在HCLI的新加坡商业领袖课程中,我们有机会与各领域的公司高管讨论生态系统。我们还写了一些案例研究,比如罗尔斯·罗伊斯在新加坡的生态系统。在2014年的一次会面中,我们确定了写一本"介绍如何构建生态系统的书"的想法。

我们意识到需要更深入的案例研究,以便反映不同地区和行业的实际情况。多亏了埃里克·鲍德温,我们深入研究了生态系统领袖的经典案例,如汤森路透、雅典娜健康、亚马逊和《卫报》,它们运用生态系统的潜力以不同的方式创新。其他案例,比如优步和福特汽车公司的案例,效果就没那么明显。

尽管生活、工作的城市相距甚远,而且各自的日程非常繁忙,但我们能够在一些方面达成共识：如何评价生态系统作为更好的创新方式；如何创建一个生态系统；怎样驾驭它，以及如何以此赢利。要借助几次会面机会完成这项主题的探讨是不现实的，所以我们怀疑本书是否能够出版。最终我们统一了思想，在各个层面形成了共同观点。这就是你将在本书中读到的内容。

所有的案例都基于公开文件，如公司审查的公开案例研究或与公司高管的对话。他们讲述了自己的故事。对故事加以诠释，用以阐明为创新而建立和管理生态系统，则是我们的工作和责任。

希望你会喜欢这本书，或许更重要的是，当面对不确定性时，你会调整创新方式。所有公司的周围都有一个强大的生态系统。你能掌控这个生态系统，成为一个出色的创新者吗？

我们非常感谢阿南·拉曼的宝贵建议与批评指正，他指出了我们许多不够成熟的想法，对其纠正、再次加工并完善，指导我们如何选择并撰写案例研究，还不知疲倦地审阅、编辑我们的手稿。我们感谢HCLI的团队、新加坡管理大学管理实践中心主任哈沃维·乔希博士，以及剑桥大学贾奇商学院的朋友，他们都曾给予我们帮助和支持，并提供探讨我们想法的机会。我们也感谢欧洲工商管理学院、剑桥大学贾奇商学院和新加坡管理大学允许我们使用ARM、阿里巴巴和罗尔斯·罗伊斯（新加坡）的案例研究。

第一章 数字化转型时代的挑战

底特律遭遇的冲击波令人震惊。世界刚刚得知，特斯拉公司已经超越资本市场上的通用汽车公司，成为美国最有价值的汽车制造商。

一周前，它的市值已经超过现代汽车行业的先驱——福特公司。截至 2021 年，通用和福特在汽车行业的历史加在一起有 231 年，而特斯拉的历史只有 18 年。特斯拉在 2016 年的销量为 8.4 万辆，而通用汽车的全球销量约为 1000 万辆，福特为 660 万辆。鉴于特斯拉在该行业尚未实现赢利，一些人质疑资本市场对这些公司估值的有效性。[1] 怀疑论者没错，到 2017 年底，股市情绪发生了变化，通用汽车的股价飙升了近 30%，而特斯拉仍在艰难应对汽车生产以及推出大众市场新车型 Model 3 的棘手问题。尽管存在这些疑虑，但毋庸置疑的是，汽车工业已经进入颠覆期。

早在 2011 年，作为史上最成功的汽车制造商之一的领导者，比尔·福特就已经意识到，无论对福特还是对整个行业来说，销售更多的汽车"都不会成功"。[2] 电动汽车、共享汽车和拼车以及自动驾驶技术的出现，有望从根本上改变汽车行业，削弱汽车制造商的传统商业模式。

新的参与者正在进入这个领域，包括优步、谷歌和苹果等科技公司。用比尔·福特的话来说，"从各个角度来看，无论是车辆的续航模式，还是资产的归属权，我们今天都面临着颠覆"。[3] 福特前首席执行官（CEO）马克·菲尔兹在 2015 年也表达了同样的观点，他指出，汽车行业正处于一个转折点，技术推动了快速创新，"全新的、跨界的合作伙伴与竞争对手现在对我们的业务都表现出兴趣"。[4]

尽管现有的汽车制造商在制造和品牌方面仍保持竞争优势，但在自动驾驶以及共享汽车和拼车应用等技术问题上，它们仍故步自封。2000 年率先推出汽车共享服务的 Zipcar（已被安飞士收购），可能会给行业带来巨大影响。研究发现，在发达的城市汽车共享市场中，一辆共享汽车就可以取代 32 辆汽车的购置。研究预测，汽车共享已经取代 50 万辆新车的购置，并在 2020 年导致 120 万辆的销量损失。[5] 近期，站在产业前沿的分析师暗示，共享无人驾驶汽车的出现可能会导致美国汽车销量在接下来的 25 年下降 40%。[6] 很显然，全球知名的汽车制造商在维持自己地位的过程中举步维艰。

在各行各业，越来越多的公司正面临类似的处境，数十年来的传统赢利模式遭到了颠覆。随着音乐消费新方式的兴起，传统的音乐行业已经被彻底颠覆。美国前 20 大实体零售商宣布，它们在 2017 年关闭了 3000 家门店。梅西百货、杰西潘尼、西尔斯和凯马特只是宣布关闭了一些连锁店。[7] 2018 年 1 月，法国零售巨头家乐福的重大重组是电子商务对传统零售商造成影响的又一例证。2017 年，《金融时报》认为四个行业的创新已经成熟，可以通过技术、共享经济、初创企业和新商业模式进行颠覆：旅行社；小部件的制造商和分销商——部分原因是 3D 打印的兴起；金融顾问——伴随机器人顾问的兴起；汽修——电动汽车维修费用低，无人驾驶汽车的事故也少。[8] 银行业也做好了被基于区块链的金融服务和其他形式的"金融科技"颠覆的准备。在线电商平台带来了更多的消费选择机会和价格透明度，这对快速消费品等行业造成了颠覆。它们的媒体战略正受到社交媒体的挑战。产品从环境角度的可持续性和供应链的可追溯性，以及让未来消费者可以个性化购买产品的新技术都在逐步瓦解它们原有的商业模式。新技术还意味着，罗尔斯·罗伊斯、普拉特·惠特尼和通用电气等公司不再销售喷气发动机，而是"按小时计费，销售飞机动力"。[9] 像米其林这样的公司销售的是公路里程，而不是轮胎。事实上，数字化、大数据分析和机器学习的应用以及人工智能等新技术正在颠覆一个又一个行业的商业模式。

面对颠覆的浪潮，你将如何应对？你如何成为颠覆者之一？成功的战略需要因地制宜，建立在目前已有的基础上。我们相信成功的战略有一个共同点：在未来，一项成功的战略将取决于如何有效地领导你的商业生态系统。通过联手不同的合作伙伴，它们会实现全新的赋能，推动创新，进而改变你的组织。你需要在企业周边催生一个充满活力的合作伙伴生态系统。这远不止于更紧密地与供应链协作，开放创新，或只是与你的客户合作创新。

创新的实质正在发生变化：客户不再只是要求对产品和工艺实现创新，而是要对复杂的需求和问题提供创新的、综合的解决方案。为了提供这些集成的解决方案，你需要借助合作伙伴的能力，利用各行各业的技术和经验。

成就规模经济的途径也发生了变化。过去，规模经济取决于公司的体量。而现在和未来，规模效益将依赖商业生态系统，包括你和你的商业合作伙伴的销售总额。

对速度的追求也要重新思考。公司过去认为快速就是"首先进入市场"。然而，今天，在竞争对手之前发布产品或服务并不预示已经主导市场。相反，赢家越来越多的是那些率先扩大创新理念的公司。制胜的关键在于形成规模，从全局角度把握机会，而不是单纯地尽可能抓住每一个机会。利用商业生态系统带来的网络效应，即每增加一位用户，就可以为生态系统中的所有合作伙伴和客户增加产品或服务的价值，通常是赢得规模化竞争的决定性因素。举例来说，Facebook（脸书）的每个用户都是生态系统的一部分，其用户数在 2010 年已达到 5 亿，当时它仅成立 6 年。[10] 与之相对应的是，尽管早一年上市并得到强大的新闻集团支持，MySpace（聚友网）的用户数却在同年由原来稳定在 1 亿用户减少到 7000 万。[11] Facebook 赢在了其首屈一指的规模化速度上。 当 MySpace 呈现下滑态势后的两年，Facebook 的用户数超过了 10 亿。如今，它的月活跃用户已经超过 20 亿。

要从这些根本性的竞争格局的转变中获益，你需要彻底改变商业模式。这包括学习如何催化、塑造和领导一个商业生态系统，发挥其潜力，从根本上改变商业模式，从而应对颠覆、不确定性和快速的技术进步。当一个商业生态系统与另一个生态系统之间的竞争取代传统个体企业之间的竞争时，你需要学会如何在这样一个新的世界中生存和壮大。

你应围绕着你的公司缔造一个强大的商业生态系统，用"生态系统的优势"来拓展企业未来的道路。你将可以利用强大的网络经济，让公司专注于擅长的领域，并且在合作伙伴擅长的领域中充分利用它们的力量，更快速地实现创新，变得更加敏捷，在数字化转型的时代与时俱进，得以发展。现在，这些优势不再是"可有可无"的。为了生存和发展，公司必须通过创造生态系统来实现自我突破。

为深入探讨你的团队可以采取哪些务实的步骤来实践生态系统的优势，在本书中我们将着重介绍 8 个具体案例：阿里巴巴集团、亚马逊、ARM、雅典娜健康、达索系统、《卫报》、罗尔斯·罗伊斯和汤森路透。我们从不同的行业中挑选了这些公司，目的在于证明不仅仅是平台玩家或电子商务公司可以借助商业生态的优势。对于制造业、采矿和能源、制药和生命科学以及快速消费品等传统工业领域的企业来说，它同样具有巨大的潜力，这些领域的企业也可以通过引入生态系统观念来提高成功的概率，应对行业颠覆的到来。我们也从不同的区域选取案例研究：商业生态并不是特定的国家或地区所独有的。我们发现，无论是工业化经济体还是新兴经济体，生态系统都能带来创新、规模经济和更高的利润。

这意味着什么？让我们先剖析阿里巴巴——中国的电子商务巨头，它通过许多创新改变了中国和其他地区的零售业。

阿里巴巴：彰显商业生态系统的力量

要诠释生态系统的力量，阿里巴巴集团是最好的案例之一。它充分利用了生态系统的力量来获得竞争优势。2014 年 9 月，这家中国企业集团在纽约证券交易所首次公开募股，估值超过 2250 亿美元。[12] 此后该公司的市值飙升至 2018 年 1 月的近 5300 亿美元。阿里巴巴集团及其附属公司拥有 25 个业务部门，其中包括全球最大的 B2B（阿里巴巴）、B2C（淘宝和天猫）、在线支付（支付宝），以及云计算（Aliyun.com）。最近，它已经扩展到新的领域，包括数字媒体和娱乐、信用评分、旅游服务和虚拟移动通信。其子公司蚂蚁金融服务集团旗下拥有全球最大的基金"余额宝"。截至2018年初，余额宝拥有3.25亿用户，资产规模超过1700亿美元。

截至2017年12月31日，阿里巴巴集团的营收超过390亿美元。然而，它仅凭借66000多名员工就实现了如此大规模的综合业务运营（蚂蚁金服仅有7000名员工，而蚂蚁金服本身在2018年的估值超过1500亿美元）。该集团的电子商务业务规模是拥有55万名员工的亚马逊公司的两倍多。那么，阿里巴巴是如何取得这样的成绩——让每位员工的年销售收入超过59万美元的呢？

关于阿里巴巴如何创造新价值的第一个答案，可以在该集团网站介绍的第一段中找到："我们不仅仅是在运营一家公司，我们把自己看作这一生态系统的管家，职责是让生态更加繁荣与平衡，让所有参与者获得利益。"[13]阿里巴巴相信，成功的关键在于找到一种促进商业生态系统的方式，使其逐渐发展壮大，进而增强阿里巴巴自身的竞争优势。其中的秘诀在于为日益多样化的合作伙伴系统发掘有吸引力的机会。

不过，透过阿里巴巴过往的经历，我们会看到在获得生态系统优势之前，必须克服一些障碍。学习如何利用、发挥生态系统的力量对于阿里巴巴来说并不是件容易的事。阿里巴巴最初是传统的买家和卖家之间的中介角色。而要想成为生态系统的推动者，阿里巴巴必须做出艰难的选择，其中包括必须放弃一些现有的利益。面对巨大的不确定性，以及庞大的合作伙伴网络不完全可控的现实，阿里巴巴创始人马云毫不犹豫，对生态系统模式的力量有坚定的信念。[14]历史的发展证明马云是正确的。

阿里巴巴在淘宝和天猫上的历程阐明了生态系统战略的一些关键特征以及成功要素。1998 年，马云受到对外贸易经济合作部（外经贸部）赞助的一家公司的邀请，协助中国企业参与基于专用网络的"电子商务"，以促进电子数据交换。马云相信真正的潜力在于依靠互联网实现开放的网络，所以他把 17 位年轻人聚集在他的公寓里，用长达两个小时的演讲概述了他的愿景。这个团队深受启发，他们筹集了 6 万美元创办了阿里巴巴，这个名字体现了"向世界敞开蕴藏宝藏的大门"的理念。阿里巴巴的起源可以追溯到 1999 年，当时它首次推出了阿里巴巴网站，这是一个连接中国制造商和海外买家的 B2B 门户网站。

当时，阿里巴巴对未来的生态系统会是什么样子并没有一个清晰的愿景。这样做的目的很简单，就是让互联网对所有人而言都方便、可靠、有益。然而，这个美好的愿望并不能确保新企业的财务呈现勃勃生机。阿里巴巴成立之初经历了一段艰难的时期。虽然它通过网站上的产品销售赚取了利润，但处理新产品（比如在网站上介绍产品细节）的成本很高。到 2001 年，它从软银、高盛和富达等筹集的 2500 万美元资金以每月 200 万美元的速度消耗，只剩下不到 1000 万美元的银行账面存款。

阿里巴巴转型为生态系统推动者的第一阶段（三个阶段之一）遇到了现金流的短缺。阿里巴巴从一个纯粹的平台中介变成一个向用户收取会员费的服务供应商。它已经认识到，实现规模经济对于分散固定成本和降低单位成本至关重要。但假如阿里巴巴继续凭一己之力充当主要买家或卖家，就永远无法达到它期望的规模。要实现庞大的规模经济，阿里巴巴应当专注于扩大业务规模，充分发挥大量合作伙伴的力量，这些合作伙伴让业务超越自身有限的能力。总之，这意味着利用合作伙伴的力量更稳妥地发展自己的业务，放缓阿里巴巴原有的经营活动，专注于向潜在买家和卖家销售阿里巴巴的支持服务。

淘宝的推出预示着生态系统发展的第二个阶段：淘宝被设定为一款鼓励他人为客户服务的市场。阿里巴巴则专注于提供电子商务流通的"平台"，并通过连接买家和卖家收取佣金。很明显，这个平台必须非常稳定可靠，才能形成规模经济，并且在标准化的平台上给合作伙伴提供脱颖而出的机会。实现这种标准化和差异化的结合，关键在于明确平台与参与者的职责边界。

时任阿里巴巴集团首席技术官的王坚回忆说："我们的目标是开发一个基础架构平台，用以吸引广泛的合作伙伴，促进增长和达成规模。"他接着解释说，淘宝催生了无数的合作企业：为商家设计精致店面，制作产品广告，招募商务模特拍摄照片。王坚也提到阿里巴巴培育小型伙伴的政策，评论道："小客户也可以成为大客户，所以两者使用的技术应该是一样的。"阿里巴巴希望确保小客户能看到未来。但在第二阶段，淘宝仍然扮演着买家和卖家之间的中间人角色。这种情况必须改变。正如时任集团首席战略官的曾鸣所言："我们意识到，市场的潜力与我们面前的任务相比，我们的能力如此有限。"他补充说："随着淘宝的发展，集团经历了过度控制，并最终成为瓶颈，我们从中吸取了许多痛苦的教训。"[15] 其中一个重要的教训是，阿里巴巴需要后退一步，从中介转变成生态系统的维护者。这意味着将重大控制权拱手让给合作伙伴，这在心理上是一个难以接受的事实。

这催生了阿里巴巴生态系统思维的第三个阶段，即成为一位"生态系统的推动者"，专注于成为电子商务、基础架构和电子商务市场参与者的服务供应商。这样做可以让淘宝与大量买家与卖家建立连接，形成生态网络优势。假如阿里巴巴能够使淘宝成为消费者进行电子商务交易的首选，就会引发一种良性循环，即它的规模越大，对买家和卖家的吸引力就越大。到 2008 年，这种设想产生"大淘宝"战略，旨在鼓励大量潜在参与者加入，进而造就许多新的机会，触及广阔但欠发达的中国消费市场。不断有合作伙伴加入和退出，尝试向新的方向扩张，阿里巴巴成为繁荣的生态系统的领导者的想法已经日趋成熟。

为了成功地从中介过渡到生态系统，淘宝需要淡化其在平台相关活动中控制者的角色。现在，它鼓励店主主动与生态系统中的其他参与者合作，比如其他卖家、综合服务供应商以及网上购物者。同时促使店主组织更多的联合营销活动，并更直接地与其他供应商合作，从而提高它们的产品质量。

以淘宝和天猫的发展为核心，阿里巴巴要成为一个更广泛、更深入的生态系统的缔造者。同时这也要求阿里巴巴改变其收入模式。2009 年，广告占淘宝和天猫收入的 85%，广告的来源多种多样，包括搜索结果处于显著位置的付费项目，以及网站上主要广告位置的额外费用。但是，为了促进生态系统的发展和改善对客户的服务，必须减少对这些广告费用的依赖。阿里巴巴的收入和利润增长将必须来自淘宝和天猫所开发的新的价值来源。正如曾鸣向我们解释的那样，"因为你不再是一个中介，生态系统的推动者必须不断寻找创新的方式来创造新的、独特的增值，然后从中获利，收入的增长将来自不断扩大的多种互动模式"。

因此，要想成为生态系统的推动者，阿里巴巴必须停止某些业务，其中有一些还是比较重要的，比如为某些产品类别举办特别促销活动。

某些决定相对容易，另一些则比较困难，正如王坚所说：

> 很明显，阿里巴巴不会自己负责所有的产品销售，可是这个生态系统的边界并不容易确定。以软件服务为例，原则上，阿里巴巴知道应该把它留给合作伙伴，但从短期来看，合作伙伴可能不愿意或没有能力，因此由阿里巴巴提供这项服务会更容易。而这将导致阿里巴巴业务的复杂性和碎片化，并且是不可持续的。迄今为止，阿里巴巴的解决方案一直是提供基本的构建模块，比如为淘宝上的每位店主提供交易平台和非常初级的客户关系管理系统。阿里巴巴很清楚，自己提供的产品不会只对某个卖家或某一小部分卖家有用，必须为大量参与者所普遍使用。[16]

为了保持生态系统的健康，阿里巴巴还发现，抵御从合作伙伴的蛋糕中分得一块的诱惑非常重要。时任副总裁的李俊凌解释说："阿里巴巴内部有人会合情合理地提议，'我们看到一款新的应用程序正在流行，为什么不开发一款这样的应用程序呢？'生态系统领导者应该说'不'。相反，我们应该鼓励合作伙伴开发这类应用，从而可以利用它们的能力改进和学习。因为阿里巴巴采取的这种方式，现在用户可以在我们的生态系统中选择许多应用程序。"

阿里巴巴的基本思想是，如果能为最终用户创造价值，就会找到为自己赚钱的方法。这意味着首先要专注于为用户创造价值，然后衡量如何分享其中的部分价值。淘宝上的旺旺即时通信功能就是一个很好的例子。它对买卖双方都很有价值，这有助于建立信任。阿里巴巴还了解到，许多中国买家想要在网上看到卖家的实际地址，然后才会信任,所以淘宝提供了地址,尽管供应商认为在电子商务的世界里这是不必要的。同样,支付宝确保每笔交易的货款在买家确认收货后就发放给卖家。当时,这与京东商城等竞争对手形成对比,后者在交易完成后将这笔钱保留一个月,以增强现金流。

曾鸣解释了这种运行模式完全符合阿里巴巴的生态系统思维:"阿里巴巴是一个中心,所有的商品流转都需要经过它。从概念上讲,它要收取劳务费,这就是我们的收入。流量越高,我们的收入就越多。正是通过这种对原有思维模式的转变,阿里巴巴才得以创建新的商业模式,实现利润增长。"[17]

"淘宝客"是这种新商业模式的一项实例,这是一个由阿里巴巴员工开发的流量聚合系统,并获得了马云颁发的 CEO 创新奖。淘宝客汇总和分析来自 50 多万个网站的用户数据,每天接收数十亿次页面浏览的数据。阿里巴巴会与一家网站达成协议,提供一个链接,将潜在客户引向一家淘宝商店。淘宝上的店主同意,如果有商机通过该网站跳转出现,他将支付总销售额的 10% 左右作为佣金。网站所有者获得佣金的 90%,淘宝保留 10%(销售总额的 1%)。这种安排在互联网上很普遍。但是淘宝客开发出使用数据分析来增加价值的新方法,改善淘宝商店和与放置链接的网站之间的匹配度,通过创造出大量用于自动分析网站内容的技术能力,进而找出超过 100 万家淘宝店中最受用户关注的商店。于是,阿里巴巴实现了为淘宝店主和网站匹配最佳链接。这提高了双方的价值和效率。阿里巴巴赋能生态系统,利用访问淘宝客的海量数据来不断学习和改善淘宝商店与其他网站之间的匹配度,从而创造出更多价值。

淘宝客是生态系统思维创造的一个实例,诠释了共同学习及其蕴含的机遇。店主们会更清楚地了解哪些网站是有用的"商店橱窗"，具有商业价值。这种价值在一天的不同时间段和不同物理位置都有变化。各种各样的网站（包括非商业性的信息和社区网站）都知道如何通过点击量创造新的收入来源。利用这些新知识产生了不断增长的利润，提高了每个访客对合作伙伴的经济价值。阿里巴巴本身能产生巨大的流量，通过每天浏览淘宝客的 5 亿至 10 亿用户获取利润。

虽然阿里巴巴无法完全控制自己的生态系统，但它可以发挥领导作用，成为生态系统发展的推动者。作为生态系统的关键角色，它可以影响和塑造其未来，引导生态系统的发展方向。此外，作为生态系统的中心也有不利的一面，因为正如曾鸣所说，"所有问题都会来找你"。尽管增加了负担，但其中也会有收益，"你处于一个可以产生大量新知识的系统的中心，所以能够不断地从中学习，解决问题，并在实践中提高自己，与市场一线紧密连接"。[18] 由于处于所有信息流的中心位置，阿里巴巴有可能掌控整个网络，从而产生新的价值和利润流，而不必实际控制它。

阿里巴巴还发现了生态系统领导者必须认识到的另一个观点：生态系统中产生的知识远超你自己所能独自学习到的，对"生态系统领导者"同样如此。在生态系统内，合作伙伴彼此之间也会有多方面的学习，这可能会改善业绩，增强生态系统，即使与阿里巴巴无关。这时候阿里巴巴要利用合作伙伴之间的交流和学习，帮助它们发现新的价值和赢利机会，而在其他时候阿里巴巴的介入是不必要的。

围绕淘宝的社交网站是又一个很好的例子，说明阿里巴巴必须不断评估，并调整自己在生态系统中的作用。阿里巴巴原本在淘宝网内部设立了一个名为"淘江湖"的社交网站，目的是联系年轻用户，并在这个群体中产生反响，引发共鸣。随着时间的推移，许多类似的社交网站出现在淘宝周围，但是没有一家达到足以影响淘宝生态系统的规模。相反，小型社交网络平台的激增在淘宝生态系统内引发了内部竞争。为此，阿里巴巴采取主动，大力支持一个单一的、充满活力的社交网站的发展，使其匹配淘宝的规模和地位，同时支持其商业模式。

阿里巴巴的成功证实生态系统的许多优势：生态系统可以产生新的客户价值来源，开启新的业务模式，整合不同合作伙伴的能力和知识，借助网络产生巨大的经济效益。阿里巴巴还展示了一个生态系统是如何良性循环的，即不断改进的产品、便捷的访问、多种类别的选择，从而吸引更多的客户。而不断增长的客户规模，反过来又吸引了更多的合作伙伴，这些合作伙伴带来了新的能量和设想，从而进一步提高向客户交付产品与服务的质量和整体竞争力。

阿里巴巴的成长历程也让我们了解到生态系统的领导者需要做些什么来催化、培育和发挥生态系统的功能：提供引人注目的机会和愿景；为合作伙伴腾出空间；促进伙伴之间的共同学习；捕捉生态系统产生的数据和知识，开辟新的收入源；着眼于使生态系统得以持续发展，而非只求短期回报，竭泽而渔。

生态系统战略的案例

阿里巴巴在中国电子商务和许多其他消费服务领域实现的根本性转变并不局限于新兴经济。从个性化交通服务到数字音乐，以及移动电子商务，新的商业模式正在世界各地的大多数行业掀起一股变革浪潮。生态系统战略使公司可以灵活利用全新的、广泛的合作伙伴能力来支持这些新的业务模型，从而在面对不可预测的破坏性力量时有备无患。要顺应颠覆之大趋势，进入一个成熟的行业并取得成功，你需要具备现有行业玩家之外的能力和经验，比如跨行业的知识、不同的分销渠道、可替代的营销方法、与客户互动的全新模式以及新技术。生态系统战略恰恰能够解锁全新领域多方面的知识。如果执行得当，生态系统将使你借助全新的知识来收获可观的网络经济效益，而这种经济效益远远超过任何一家单独拼搏的公司的传统规模经济。

生态系统战略还可以帮助你轻松应对许多企业领导者如今面临的紧迫挑战：在满足客户不断增长的需求的同时，使公司专注于最擅长的领域；用更多创新应对挑战；使组织变得更加敏捷。[19]

此外，生态系统战略使你能够满足客户不断增长的，对功能多样化、定制化和个性化的解决方案的需求，而不仅仅限于单纯交付标准产品。与此同时，生态系统战略还能令你保持企业的进取性——借助合作伙伴的能力打造更丰富的产品线。传统的外包通常局限于合作伙伴的贡献水平，让它们参与生态系统，从而利用它们的创新能力、学习能力和灵活性，当然，还有它们的专业能力。这是一个简单的事实：在一个生态系统中，合作伙伴出于自身利益，而不是只满足需要履行合同中规定的义务，协调投资，共同创新，并不断发展壮大。随着越来越多的合作伙伴和客户被这个生态系统吸引，各方一定会从该网络经济中获益匪浅。生态系统涉及的合作伙伴和客户越多、越多样化，参与者（包括你的公司）的收益就越大。成为这个良性循环的一部分将使你从整个生态系统中获得规模经济，其重要性远超原有的规模经济。

积极发展生态系统有助于促进创新，从而有利于自身的业务。商业生态系统可以提供更多的创新，因为各方可以通过众多的合作伙伴获取更广泛的创意、经验和能力，这比任何单独的公司甚至是一个联合体的都要多。当合作伙伴形成新的关系并以新的方式互动时，它们会产生彼此间的学习，从而在向客户提供的产品以及生产和交付的方式上进行创新。随着新的合作伙伴加入，生态系统会不断丰富自己的多样性，激发创造力，加快创新的步伐。

生态系统战略还可以使组织变得更加敏捷。因为生态系统能够利用大型的、动态的、具有一定自组织能力的合作伙伴网络来为客户服务。犹如一个活的有机体，生态系统会不断进化和调整，以满足世界不断变化的需求。作为生态系统的领导者，自己的组织也需要做出全方位的调整，从而更有效地利用不断变化的合作伙伴网络。这些新的角色、流程和领导风格会进一步将现有的组织结构转变成更敏捷的形式。

梦想成真

本书阐释了在一个技术快速发展、充满颠覆和不确定性的世界中，企业如何通过催化、塑造和领导一个商业生态系统来获得竞争优势，并充分发挥其潜能，获取更大的成功。我们希望读者和你所在的公司能够在一个生态系统中扮演"生态系统领导者"的角色。事实上，许多行业内的观察家已经强调所谓的一个中心，或者称之为关键公司，即我们所指的生态系统领导者的作用。它将发挥关键作用——为生态系统的发展提供稳定的基础，并致力于刺激创新。[20]

作为生态系统的领导者，不要期望完全控制生态系统，或者权威式地设定它的结构。你也不能扮演无所不能的上帝角色，别试图策划掌控指挥整场战役，事无巨细地充当青天大老爷去评判是非对错。你必须通过巧妙地运用自身的实力、影响力,将现有的资源用于激励和塑造公司周围的商业生态系统。[21] 我们将展示如何通过促进和指导商业生态系统,使你成为生态系统的领导者,从而增强公司的竞争优势,并创造可持续性获利的能力。

本书还将展示,领导一个充满活力的生态系统,将如何让你从中获益,在应对创造性颠覆新浪潮的不确定性的过程中,免于被淘汰的命运。正如我们已经看到的,行业的颠覆给相关公司带来了挑战,它们必须找到这样的方法:将生态系统中所有公司最擅长的技术、知识、经验、资产和能力结合在一起形成合力。这意味着要制定战略和形成新的组织结构,把合作伙伴通过互联产生的潜在力量转变为商业模式和未来成功的核心。这同时意味着利用多样化且不断变化的合作伙伴的力量,用以加速企业自身的学习、实验和创新。在此过程中,对生态系统中的合作伙伴施以影响,但不能强加控制。

简而言之,时不我待,要充分发挥商业生态系统的全部力量。这个生态系统包括围绕在你公司周围的组织和个人的网络,其可以共同发挥自己的能力,调整投资来创造额外的价值,或提高效率,[22] 这会使生态系统中的所有合作伙伴大大受益。

令人欣喜的是,你的公司一定会在某种商业生态系统中处于核心位置。没有一家公司是大海中的孤岛,每家公司不仅依赖直接客户和供应商,还依赖客户的客户、最终消费者、产品和服务的供应方、政府、为培训员工做出贡献的人,以及许多其他间接相关的人。少数人是正式的"合作伙伴",但除了这些正式的合作伙伴之外,还有许多人会通过他们的行动、投资和学习影响企业的成败。所以,公司生态系统中的一些实际参与者是可以被识别的。而另一些,例如,为你所在行业奠定发展方向，形成行业内被认可的观点，或者那些开发工具，帮助生态系统参与者部署产品或服务的人，他们可能会在你没有意识到的情况下对你的业务产生重要影响。

你可能会说："那又怎样？我无法控制生态系统。我甚至都没有意识到这种生态系统的存在。"从这个视角来看，很少有高管会质疑自己的企业在行业中起到的作用，即便市场的动态发展远非它们能控制的。但回到20世纪50年代，当时大多数公司都感到自己是受市场力量支配的，而它们对市场的变化、走向几乎是没有影响力的，市场定位这种想法在那时似乎不切实际。同样，一个依赖塑造生态系统的战略在今天看来也同样脱离现实。事实上，先知先觉的公司正领导着生态系统（尽管不是完全决定），促使它成熟发展取得更大的成功，使它的业务更具有创新性和可持续性。

人们对以上观点的一种回应是："是的，这听起来很不错，但只有像阿里巴巴这样的大公司才能做到。我的公司是市场大海中的一叶扁舟，该怎么做呢？难道我的公司也能从中有所收获吗？"

小国的合纵战略

要了解生态系统战略如何助力初创企业、中型企业以及大型老牌企业的快速增长，我们可以关注英国信息技术硬件公司ARM。尽管资源有限，但这家远离硅谷的小公司却在这个通常需要巨额投资的行业成为领导者。它为芯片设计建立了一个非常成功的生态系统。

1990年，在英国剑桥附近一个14世纪的谷仓里，12名工程师创建了ARM公司。2016年7月，日本软银以320亿美元的价格收购了ARM，每股收购价比ARM当天的收盘价高出43%。这家公司的销售额只有15亿美元，税前利润为5亿美元。对于一家规模相对较小的公司来说，这似乎是一个很高的价格，尽管它的赢利能力令人印象深刻。为什么ARM这么有价值呢？

ARM算不上一个家喻户晓的名字，尽管我们几乎都是它的间接客户。原因之一是，ARM是一家纯粹的知识产权（IP）公司，它设计一种被称为精简指令集计算（RISC）芯片的特定类型的微处理器，但不参与直接制造。这些芯片使用的指令更少，因此，使用它们的设备比传统设计的电耗更低。这使得智能设备有可能实现更长的待机时间。基于ARM设计的处理器被用于全球95%以上的移动电话，以及其他移动设备，还有最近可以通过互联网互联的智能设备。我们的智能手机、平板电脑、智能手表和汽车里的GPS（全球定位系统）都可能使用了ARM的处理器。

ARM吸引软银的因素之一在于，它能从参与一个快速增长的市场中获益。我们都听说过有关智慧城市、物联网、可穿戴技术、无人驾驶汽车的新闻，所有这些都需要ARM设计的处理器。但是，花320亿美元收购一家员工不到4000人、没有生产能力、只生产知识产权的公司，是不是有点过分了？

我们认为，软银付出高昂代价的标的不仅是ARM的有形资产，还包括它领导的独特的创新生态系统。这是生态系统战略为股东、客户和合作伙伴创造巨大价值的另一个范例。ARM已经建立了一个广泛的合作伙伴网络，与之共同创新和发展。这些合作伙伴包括芯片设计商、制造商和分销商（例如，芯片设计和测试设备的生产商三星），原始设备制造商（例如，华为或销售iPhone的苹果公司），当然也包括应用程序开发商和内容供应商。一些合作伙伴设计基于ARM知识产权的处理器芯片，其他公司则拥有生产芯片的工厂。ARM虽然是引导这个生态网络的无冕之王，但却不需要控制参与者中的任何一家。它是如何做到的呢？毕竟作为一家规模相对较小的公司，ARM必须驾驭这个庞大的生态系统。考虑到建造芯片制造厂的资本要求，它不可能仅凭一己之力成功地做到这一点。但它在知识产权方面的发展是非常成功的，因为它把自己定位在了不同伙伴间知识交流的中心，借助与ARM的生态系统合作，合作伙伴可以共同打造更低廉的成本，更好地发挥昂贵的晶圆制造能力，并且相比单独行动，实现更快的技术迭代升级速度。我们将在第三章更详细地描述这个知识网络，以及ARM如何催生了这种网络系统。

因此，小型创新者可以通过运用它们的软实力来领导一个由创新者组成的生态系统，从而和大型创新者并驾齐驱，登上成功的顶峰。ARM擅长调动和引导从慕尼黑到墨尔本、从旧金山到首尔、从广东到日内瓦的国际知识合作伙伴网络。尽管ARM生态系统的一些参与者是苹果、华为和三星等大公司，但ARM已经能够在这个网络中受之无愧地担当生态系统领导者的角色。

ARM利用自己独一无二的优势作为支点撬动庞大的生态系统，创造了惊人的价值，所以格外引人注目，这是在一个传统的垂直整合行业实现的。要想复制英特尔业已建立的那种集成化业务，ARM需要数十亿美元的投资。ARM的启动投资不到300万美元，但由于卓越的生态系统领导能力，它跻身这个生态系统，而且还成为一个举足轻重的参与者。因此，生态系统的领导者需要控制贪婪，抵御诱惑。和阿里巴巴一样，它知道必须给合作伙伴留下大块价值蛋糕，激发它们的积极性和参与度。ARM利润很高，但它愿意与合作伙伴分享生态系统创造的价值。正如 ARM 的一位高管告诉我们的那样："假如合作伙伴变得富有，我们也会多赢共荣。"因此，ARM 的合作伙伴有动力迅速扩大这个生态系统的规模。生态系统的成长也直接惠及了 ARM，使它在缺乏资金建立自己的分销系统的情况下，得以快速成长。

作为一家高科技领域的小公司，ARM 在利用生态系统进行创新方面非常精明干练。因此，ARM 事实上没有竞争对手。当收购 ARM 时，软银实际上是获得了一个协同创新引擎，进而形成了一个庞大的公司网络。

领导，还是参与生态系统？

无论你经营的公司规模如何，我们都从生态系统领导者的视角来解释如何借助合作伙伴的力量成就你的业务宏图。对于选择积极参与由他人领导的生态系统的公司来说，本书也提供了许多经验教训：积极地参与发现新价值的过程；加快学习和创新的步伐；与生态系统中的其他伙伴互补；更重要的是，你在这个生态系统中扮演的角色应当有利可图。

在一个行业不断被颠覆的世界中，当开始了解如何利用生态系统实现繁荣发展时，你必须考虑的问题是，什么时候担任领导角色才是合理的，什么时候应该参与更多或更少的活动。要做出这样的决定，你需要考虑与潜在生态系统伙伴关系的两个维度。

第一，你在生态系统中的潜在角色有多重要。换言之，合作伙伴在多大程度上依赖你。

第二，某个特定的合作伙伴对成功执行未来的商业模式有多重要。换句话说，你需要在多大程度上依赖某个特定的合作伙伴（见图 1-1）。

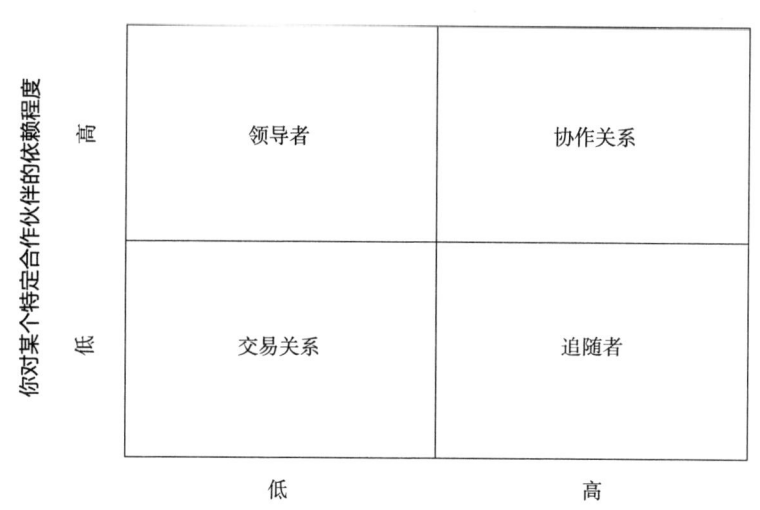

```
                            高 |  领导者      |  协作关系
你对某个特定合作伙伴的依赖程度    |             |
                            低 |  交易关系    |  追随者
                                   低            高
                              合作伙伴对你的依赖程度
```

图 1-1　决定生态系统的领导者或参与者

这两个问题的答案同样重要，由此确定你参与的四种可能的路径，如图 1-1 所示。假如有可能在促成生态系统实现其价值主张方面发挥关键作用，那么你就有必要尝试担当领导角色，并以有利于业务的方式塑造和推动生态系统的发展。正如我们在 ARM 的案例中看到的那样，如果一家规模相对较小的公司所蕴含的潜力，对于生态系统至关重要，那么它同样可以成为生态系统的领导者。有一点很重要，只有当你不必依赖某个争夺领导权的竞争者——一个特定的合作伙伴时，你才可能担当起这个角色。ARM 的经验同样很有启发性。ARM 在 RISC 芯片领域的价值定位很大程度上依赖其合作伙伴。但是这个生态系统的成功，不会依赖某一个特定的合作伙伴。换言之，这个生态系统中没有顶梁柱，不管失去哪一个合作伙伴，生态系统都不会轰然坍塌。例如，加入这个生态系统的原始设备制造商（OEM）和芯片制造商越多越好。但如果某个实力强大的合作伙伴拒绝加入，这个生态系统也会枝繁叶茂。在 ARM 的生态系统中，事实就是如此：多年来，英特尔拒绝加入，而是致力于推广自己的、具有竞争力的专有技术。当生态系统成为事实上的全球标准时，英特尔最终不得已以合作伙伴的身份加入。

相反，你可以为生态系统提供重要的贡献，但并不是最重要的成员，而且高度依赖特定的合作伙伴来实现价值主张。这时，仅作为一个追随者参与生态系统，追求你可以获得的利益的最大化，就像阿里巴巴生态系统中的众多合作伙伴那样。即使是那些本身实力强大的公司，在规模大得多的整体生态系统面前也显得无足轻重，需要接受阿里巴巴作为核心玩家的领导。

另外两种情况需要采取折中战略。如果你能在使生态系统创造潜在价值方面发挥关键作用，但要做到这一点，你还必须依赖另一个特定的合作伙伴，那么争夺领导地位的斗争很可能随之而来。在这里，你会发现自己处于"合作竞争"的领域，试图在可能的情况下领导这个生态系统，但必须与另一个强大的伙伴合作。这可能造成不稳定的局面。正如我们将看到的，如果一家公司在生态系统中担当领导者角色，在追求自身利益的同时，培育和加强了生态系统，那么这样的生态系统往往是最成功的。但是如果你无法调整商业模式，以减少对某个特定合作伙伴的依赖，维护自己在生态系统中的领导地位，合作竞争则可能是一种无奈的选择。

最后，如果你处于这样一种情况：你对这个生态系统的潜在贡献和重要性都很低，而你的参与度又不依赖特定的合作伙伴，那么参与该生态系统纯粹是为了达成交易，在机会出现时可以充分加以利用，这可能是正确的选择。在这种情况下，生态系统也不可能为你的成功做出太大的贡献。考虑到生态系统战略改变业务的巨大潜力，这也是你不容错过的一个机会。回到最初的原则，重新思考如何通过领导一个全新的、能够驾驭自如的生态系统，从而获得优势。

前方的路

本书接下来的一个关键主题是，领导者怎样才能最好地发挥生态系统的潜在力量，实现高水平的创新、创造新价值并保持灵活性，这些是传统的供应网络、集中化的联盟或交易平台难以企及的。本书还阐述了富有远见的公司应该采取的战略：首先，扩展和利用现有生态系统以增强自身的竞争优势；其次，不断引导和重塑该生态系统，使生态系统的增长成为公司业务成功的基础。

第二章中，我们将对生态系统的优势追根溯源，理解为何发展和领导生态系统对于公司来说是优先事项。我们将展示为什么生态系统使我们能够提高创新速度，从根本上挖掘新的价值源，以灵活多变的方式应对充满不确定性、消费者需求瞬息万变的复杂世界。

公司设计和管理生态系统是为了将价值交付给最终用户。[23] 在第三章中，我们将探讨生态系统战略所能创造的各种价值。这里涵盖了从新产品组合和客户解决方案到更有效的商业模式和全新的行业拓展。创造新的价值源是成功的生态系统战略的起点。在合作伙伴努力创造新价值的过程中，额外的价值必须被分享。通过促进共同学习和创新，生态系统可以额外创造庞大的价值池，进而提供足够多的共享资源。

生态系统的活力和成功在很大程度上来自网络经济。一旦生态系统成功建立，成为市场的主导者，新的合作伙伴就会蜂拥而至，从而促成螺旋式增长。但是当一个新的生态系统处于初期阶段时，合作伙伴会对前景的评估产生疑虑，投资者也会驻足不前。在第四章中，我们关注的是一个生态系统领导者如何开启一个新的生态系统，并拨动成功的飞轮。

一旦生态系统启动并运行，面临的挑战就是将其发展到实现必需的利润规模。这是第五章讨论的主题。利润增长关系到吸引新的客户和新的合作伙伴，在新的合作伙伴方面，生态系统领导者要选取合格的合作伙伴，即具有生态系统发展所需要的能力和知识的合作伙伴。为此，领导者需要为生态系统建立一个框架，以便合作伙伴可以从中找到适合自己的位置。同时，领导者还必须摆脱有损其他合作伙伴利益的诱惑，并且找到方法来鼓励合作伙伴对生态系统投资，充分利用他人和自己的投资，为使生态系统不断扩大而创造更加丰厚的回报。

即使是已经达到规模化的生态系统，在面对竞争时也可能会因规划或者价值主张的偏差而导致失败。从网景公司到MySpace，再到塞班系统，那些几乎被人遗忘的公司所领导的生态系统出师未捷身先死，就是这种风险的写照。为了使生态系统基业长青，它需要持续吸收新的知识，学习并创新。第六章介绍了领先企业应该做些什么，以便为生态系统中的持续学习和创新创造条件。

未来许多公司都需要建立生态系统来应对变革，这种生态系统可能无法像传统的供应链、战略联盟或交易平台那样高效地交付明确指定的产品、服务或协同完成某项任务。生态系统提供的共同学习、创新和灵活性通常是以降低效率与增加交易成本为代价的。因此，生态系统领导者需要通过系统内的交互尽可能高效并提高系统的整体生产率，来减轻这种相对劣势。这是第七章的主题。

当然，生态系统也需要为领导者（及其合作伙伴）带来经济效益。价值需要创造和获取。第八章重点介绍了如何通过充满活力的生态系统实现赢利，同时确保该过程对共同创造成功的参与者保持公平。

然后，我们转向另一个问题——为了成功领导生态系统，你的个人领导风格和组织架构需要做何改变。显然，与垂直整合的集团化公司或合资企业相比，生态系统的主要优势之一是灵活性。生态系统是动态的有机体，可以随着市场条件的变化而不断调整。合作伙伴的不断加入和退出使得生态系统的配置可以不断适应新形势。自组织通常有重要作用，但是生态系统的领导者也可以帮助创造条件，推动生态系统在需要时做出相应的调整。正如马云在阿里巴巴发挥的影响——一种超然出众的个人领导力：眼光超越自己所在的组织，着眼于更广阔的网络，使其成为成功的基石。与其他因素相比，一个致力于领导生态系统的高级管理团队需要有效的协作技能，并且对歧义和不确定性具备更高的容忍度，这完全不同于传统运营的高度整合的供应链。需要创建新的角色，实施新的绩效考核，员工需要做好准备，以便在一个"合作竞争"的世界里无忧地工作。第九章讨论了成功的生态系统领导者的特征以及对内部组织的整顿。

第十章展望了生态系统战略的未来，以及在应对一个越来越不稳定和不确定的世界方面起到的作用。在某个时间点，生态系统可能需要重新构建，或者可能已经过时。随着合作伙伴的角色日趋稳定，市场逐渐成熟，或许就不太需要灵活性和适应性了。在动态的生态系统中，高昂的协调成本和潜在的冗余可能就是不合理的存在。因此，最终，将生态系统转变得更接近传统供应链，与生态系统的关键合作伙伴创建合资企业，或收购关键合作伙伴，通过更紧密的垂直整合带来的成本效益，都是有意义的。

然后，你可能需要在相邻的市场中创造一个全新的生态系统或尝试新的业务模型。例如，随着其电子商务生态系统的成熟，亚马逊引领了新的亚马逊网络服务（AWS）生态系统的发展，该系统以付费订阅的方式向个人、公司和政府提供按需计费的云计算平台。现在，它正在投入管理方面的资金和精力，以催化以自动驾驶汽车为核心的新型出行生态。同样，ARM正努力在迅速崛起的物联网领域复制其在手机和服务器生态系统的成功经验。

我们将使用各种案例来诠释所提出的理念。我们所写的都是基于已发表的材料或采访所得的见解。当然，案例研究的风险在于，这只是公司发展过程中的某个阶段的快照。而竞争环境是动态的，当你读到这本书的时候，毫无疑问，这些公司的形象已经发生变化。例如，当ARM最初的案例被写出来时，它是一家独立的公司。在我们撰写本书时，软银已经收购了它，而它的生态系统还在持续发展。汤森路透在2018年剥离了我们此前分析的名为Refinitiv的部门。该部门于2019年8月被伦敦证券交易所以270亿美元的价格收购。你在解析案例时要记住一点——通过经验教训形成自己的战略，而不是将其作为放之四海而皆准的灵丹妙药。

第二章 生态型组织优势

本章将讲述通过领导生态系统获得竞争优势的基本原理：对任何公司而言，成功在一定程度上取决于与其相关联的企业、机构和个人所构成的网络是否能有效形成能力、资源以及认知的互补。"商业生态系统"由商业战略师詹姆斯·穆尔于1993年提出，指的是由组织和个人共同组成的网络，这些组织和个人共同发挥能力并调整投资，从而创造附加价值或提高效率。[1] 在生态系统中，"生态系统的领导者"催化生态的形成并引导其发展。

这种观念其实由来已久。在中世纪的英国，下议院的管理就是基于伙伴关系网络的。同样，在爪哇，水稻梯田上的水资源管理也需要生态系统参与者彼此协作。这种伙伴关系保持了对参与者的激励和一定程度上的自主权。该系统在保持灵活性的同时，使具有不同能力，但彼此互补的各方能够协作共赢。[2] 对14世纪意大利普拉托毛纺产业群的研究估算，当时这一产业群涉及大约2.4万人。工匠和商人展现了促进和利用组合的力量。几个世纪后，借助与之类似的网络，意大利的贝纳通和西班牙的飒拉等服装公司进入全球市场。

在美国，商业生态系统已经存在一个多世纪。缅因州的"龙虾帮"就是一个例子，它出现在 19 世纪 20 年代。曾经有人认为捕捞龙虾的渔民是东方版的牛仔，他们在自然环境中为生存而独自挣扎。人类学家詹姆斯·艾奇逊进行的一项研究推翻了这个观点。艾奇逊发现龙虾帮组成了互惠互利的复杂网络。[3] 龙虾帮的生态系统基于具有不同技能和血缘的人，他们聚集在一起，不仅让每一位成员得以维持生计，也确保有限的资源免于被过度开发。在任何港口都有一个非正式的，通常是不成文的协议——关于每个成员可以在哪里设置捕虾笼。比如规定了在一个方向上（例如，从北到南）放置捕虾笼的绳子，以避免让自己的绳子缠在他人的捕虾笼上。想要进入该生态系统的年轻人只能从设置少数几个捕虾笼开始，或者为资深龙虾渔民服务，设置捕虾笼或搬运工具，以认真刻苦的劳作换取最终在学徒期满后得到自己的地盘。[4]

这些生态系统通常比其他形式的组织更有效。在 1992 年至 1995 年中亚环境与文化保护组织（ECCIA）的一项研究中，使用卫星图像比较了蒙古国、俄罗斯和中国由于放牧而造成的土地退化程度。在蒙古国，允许牧羊人在季节性放牧的牧场之间集体迁徙，它的土地退化程度相对较低，约为 9%。[5] 然而，俄罗斯和中国的退化率较高，这两个国家实行的是国有牧场，包括固定定居点，在某些情况下实行家庭私有化，它们的土地退化率分别为 75% 和 33%。事实证明，蒙古人的集群生态在保护牧场方面更有效。

区域性的集群（geographic cluster）是具有悠久历史的另一种组织，体现了现代商业生态系统中的许多原则。阿尔弗雷德·马歇尔在 1890 年出版的开创性的《经济学原理》一书中已经提到这个概念，他将区域性的集群解释为"特定地区内,高度集中化的特殊产业",他称之为"区域性工业"。他认为,将产业集中在特定地区具有四个优势:知识溢出,熟练劳动力的储备,辅助性产业的发展,以及共享的资源投入。[7]

城市经济学家也描述了企业通过彼此靠近,促进和鼓励互补行为,并从中得利,他们称之为集聚。1991年,诺贝尔经济学奖得主保罗·克鲁格曼提出,随着更多相关领域的企业聚集在一起,其生产成本可能会显著下降:企业拥有多个彼此竞争的供应商,使得专业化程度和劳动分工更高。[8]而对供应商而言,即使在同一产业集群中竞争,也可能从中获利。集群比一家孤立的企业能吸引更多的互补性供应商和客户。简单地说,集聚效应的基本理念便是,当经济活动聚集在一起时,生产就会得到促进,效率就会得到提高。

在工业经济学中,集聚和集群的概念得到了扩展。今天,集聚意味着在城市特定的工业区域内进行高效且专业化的集群生产。自20世纪80年代以来,尤其是自迈克尔·波特的《国家竞争优势》出版以来[9],这个词一直与意大利中部和东北部工业发展的历史相关联。第二次世界大战后,那里的中小企业集群增长强劲。这些工业区在意大利蓬勃发展的原因之一是,它们将从事专业化产品生产的不同公司聚集在一处:普拉托地区生产羊毛织物,萨索洛以瓷砖闻名,布伦塔的女式鞋业是其标志。位置毗邻加之共同的目标,鼓励参与者进行互动并交流知识、资源和能力,最终使网络中的每个人受益。

从中可以看到,不论对公司还是个人,基于不同的机制——这些机制使成员能够团结起来——已有很长的历史。通过发挥合作伙伴的互补能力和知识，从而以促进共同学习的方式进行合作，并协调其投资以获取收益。无论是个人还是团体，都是如此。其中一些机制（如中世纪的公地）受一套明确制定的规则支配。另一些机制则依靠生态内的相互认可和自我组织。有时合作伙伴直接互动，而在另一些机制，例如在集群中，协调和知识交流通常是间接的，"伙伴"之间甚至没有意识到对方的存在，但近距离使它们能够从生态中获益。

既然公司从网络经济中获得收益的机制是如此有效和广泛，那么为什么高层管理者会忽略它们呢？

生态系统思维的衰落

从 19 世纪末开始，寻求公司层面的规模经济已经成为各个行业发展的驱动力量。在这之后经历的三个关键的发展阶段，使得行业聚集、公有物品以及理论思想失去了重要性，至 20 世纪初期逐渐淡出人们的视线。

第一，对规模经济的探索促进了产品和流程的标准化，以便于控制并加以复制，从而产生了管理结构明确、垂直整合的公司形态，及其表亲——政府官僚机构。人们认为，应当通过正式交易和合同规范来消除"搭便车"的现象，因为共同利益难以界定参与者在集体生产经营活动中的贡献程度。[10] 韦伯和米歇尔等思想家认为，随着组织规模和复杂性的增长，它们会很自然地倾向于创建官僚形式和寡头政治，以确保在每个参与者之间进行有效的协调。[11]

第二，对增长和规模的追求产生了国际化的商业。伴随商业活动遍及全球，依靠邻近的便利性、相互调整和直接互动进行协调变得愈加困难，结果是严格的控制和文件报告取代了每个参与者之间约定俗成的规则，正式组织相对于生态系统变得越来越重要。

第三，在追求标准化和规模经济的过程中，许多产品的架构变得更加模块化。这进而产生了复杂的国际供应链，参与者之间严格定义的界面、接口实现了有效协调，从而减少了不确定性。在现有技术条件下，管理生态链参与者之间的相互作用的唯一可行办法是借助市场机制。市场由大量独立的参与者组成，通常会短视地对价格和成交量信号做出反应。这种战略在短期内可能是有效的，但不能促进合作伙伴关系的深化，使具有专业能力和知识的参与者彼此之间进行协调与共同发展。这使得在追求效率和规模经济的过程中，缺乏联合学习和创新的机会。这些负面影响往往被人们忽略了。

与此同时，基于共享所有权和相关各方的协调来参与生态系统合作的观点开始在经济学家中有了坏名声。1968年，生态学家加勒特·哈丁在《科学》杂志上发表了一篇颇具影响力的文章，题为《公地悲剧》。他的论点之一是，如果一个群体中的所有成员都为自己的利益使用公共资源，而不顾及他人，那么最终所有的公共资源都会被耗尽。[12]

重新认识生态系统的优势

《公地悲剧》中的观点被人们广泛接受，直到诺贝尔经济学奖得主埃莉诺·奥斯特罗姆和她的助手在1999年重新对此加以审视。他们发现公地悲剧既不具有普遍性，也不难以解决，人们经常会找到相应的解决办法。事实上，其他研究人员已经证明，在许多情况下，即使是自私自利的个体，也会找到合作的方式，因为集体约束既有利于集体利益，也有利于个人利益。[14]

于是,潮流开始转向,人们开始寻求超越公司层级制度、官僚机构或商业市场限制的合作方式,同时也承认纯粹的自组织并不总是可靠。奥斯特罗姆观察到,简单的治理结构或许适合局部的有形资源,如放牧或渔业,但尚不清楚超越界限明确的资源管理会如何发挥作用。这些资源包括地球大气层及其对气候变化的影响、空气污染,或者那些潜在的全球资源问题,如石油资源。

知识管理是现代社会企业创新的重要内容,同样面临类似的问题。许多类型的知识不容易被识别,以便判断其是否包含在明确定义的区域或公司的边界以内。当存在多个合作伙伴通过互动共同创造新技术或专有技术时,所有权是模糊不清的。同样,当公司或其他组织投资于所谓的"创造新兴市场"——旨在刺激采用新型产品、服务或技术——进而让每个人都能从中受益时,个人贡献也很难与回报挂钩。因此,虽然促进商业合作和资源共享——这些源自公地和区域性工业的观点有重返之势,但假如任由其自我发展,收益将大打折扣。相反,阿里巴巴和ARM所展示的那种生态系统,是由一个生态系统的领导者建立整体架构,构建关键接口和激励机制,并选择少数战略性合作伙伴。只有这样,它们才能依赖网络实现自我组织。在建立良性循环之后,其他合作伙伴就会自动加入、离开和彼此影响,而不再需要生态系统领导者的干预。事实上,在某些情况下,生态系统领导者可能都不知道某些合作伙伴的身份,甚至不知道这些合作伙伴的存在,这些合作伙伴在追求自身利益的同时,也在发展和贡献自身的能力,调整投资,同时帮助巩固生态系统的整体竞争优势。

因此,在寻求重新发现传统的公地、区域性工业和集群优势的过程中，我们看到了一种介于企业等级制度和自由市场之间的混合组织形式。[15] 传统的企业层级结构具有交易成本较低的优势，能够最大程度统一参与者和专家的行为，使之保持一致，并优化彼此交流互动的界面，从而降低风险和不确定性。但这并不适合在以客户为导向的解决方案中实现创新，因为这种解决方案需要从分散在世界各地的不同公司和组织中汲取复杂的知识，也不适合在瞬息万变的环境中迅速灵活地重新配置资源。这从大型企业在实施组织变革计划时所面临的尴尬难题中不难被发现。

在另一个极端，自由和开放的市场在灵活性方面更胜一筹。如今，某些市场的价格每毫秒都在发生变化。当商品便于定价时，自由市场就能高效地促进交易。这就是小麦和猪肉等商品的交易使用标准化合同的原因。标准化使这些市场解决了质量或地理位置不同的基础商品的定价问题。但是，当涉及难以估价和定价的商品（如知识或新技术）交换时，自由市场往往会束手无策。这是因为，这些高效市场只能够依赖参与者对特定商品价值和价格的主观认定，却无法协调不同参与者，鼓励它们为共同利益与共同投资而分享学习。

这些混合组织形式，例如，生态系统，当然可以在没有领导者的情况下存在。但是，在为最终客户创造新价值时，它们的表现不太理想。我们认为，恰当的管理和引领将使生态系统获益，包括更优化的公司层级结构，并找到最适合的市场。生态系统的领袖让企业组织统一步伐，保持一致，互相协调，简化沟通，并使得业务具备更可靠的确定性。与此同时，由于领导者无法全权决定谁参与，或者对合作伙伴加以严格控制，生态系统结构能够以开放市场特有的灵活性以及对创业精神和创新的激励，将不同的合作伙伴聚集在一起。

生态系统的竞争优势变得日益重要

当世界重新发现生态系统作为组织商业活动的一种方式所具备的优势时,全球环境正在不断变化,这使得生态系统的优势备受重视。[16] 在 21 世纪,消费者的需求,以及能够满足这些需求的技术都发生了巨大变化。客户越来越希望得到个性化的定制解决方案,而非同质化、批量交付的标准产品和服务。虽然解决方案本身可能并不难,但是其交付模式往往需要彻底创新,以及更多的协调工作。昔日简单的移动电话已被智能手机取代,智能手机需要组合音频电子、全球定位、摄影成像等一系列技术,以及提供各种服务的接口。在人口稠密的城市环境中,汽车已经被按小时计费的交通服务取代。这需要汽车租赁公司与城市管理当局合作,后者为这些汽车提供停泊车位、新的汽车设计、新的安全系统、不同类型的保险、新的计费系统等。食品现在需要像药品一样具备可追溯性,要对价值链上各合作伙伴的工作进行协调、跟踪以及验证。

与此同时,日渐增长的知识和能力不再局限在少数大型集团的金字塔。在越来越多的行业中,知识和能力是比较丰富且分散的,很难被整合进一个单一的、自上而下的组织。例如,拥有某一类型关键技术或专业知识的人可能不愿放弃自己的独立性而就职于某家公司,甚至要为工作岗位而迁徙奔波。同样,有前途的公司会拒绝被收购。设想一下要开发自动驾驶汽车技术的所有要素,对模式识别和人工智能有更高的要求,要改进传感器的灵敏度,对车型设计和制造进行全面更新,要修改法规特别是交通法规,要有新的保险险种出台等。目前,这些功能都没有被某一家公司,甚至某一个行业尽收囊中。面对当前的行情,生态系统可以发挥其独特的功能,把来自各方的能力和知识聚集在一起，相辅相成和分享学习，同时保持它们的独立性，这样的组织方式日益明显地展示了它的吸引力。

此外，信息和通信技术成本的大幅下降也有利于生态系统结构。现代信息通信技术意味着距离不再是问题，无须并肩作战就可以高效协调分散的能力和知识。生态系统可以完美复制过去借助集群和区域性工业带来的诸多利益，生态系统可以把世界各地的合作伙伴联系在一起，而无须将它们集合在某个地方，如历史上的公地、区域型经济或某片渔场。在某些情况下，可以使用公开市场机制来加以控制。但是，今天的许多产品和服务依赖交换、共享那些复杂、隐性、非结构化的知识，这部分知识难以在编纂成册后分配调度，正如我们所看到的，市场机制缺乏足够的条件。生态系统则提供了一种突破这些瓶颈的方法，帮助企业满足客户对解决方案的需求，并利用最先进的信息和通信技术。

这为企业高管带来了难能可贵的机会：发挥具有不同知识和能力的合作伙伴的潜力，引导它们的资源，推动生态系统的共同目标，动态协调，从而推动创新和改进，最终从网络经济中获益。越来越多的创新公司开始寻求更具战略性的方法，领导形成广泛而有活力的合作伙伴网络，增强自身的竞争优势。这些合作伙伴可以直接或间接地帮助企业取得更大的成功。

生态系统战略促成成功的三种主要方式

生态系统战略的三个特征使其特别适合于不确定性高、变革快速、消费者日趋苛刻的商业环境，同时有效借助最新的通信技术。

第一，生态系统战略在促进联合学习方面非常有效。[17]阿里巴巴和 ARM 的成功，都是通过激励各自的生态系统在合作伙伴网络中进行更多的学习，其速度远远快于任何参与者单独学习的速度。一个成功的生态系统将许多具有不同能力和专业知识的合作伙伴结合在一起，并促使它们互帮互助共同学习。在追求自身利益的过程中，这种互动创造了大量的新知识。部分知识成果将被公司作为专有知识，从而优化自己的业务用以开辟新的利润流。

例如，阿里巴巴采集了大量数据，使它能够更全面地了解合作伙伴在中国生态系统中的行为。然后，它将这些宝贵的数据用于所有的商业用途，从向潜在买家提供定制产品到开发可以做出贷款决策的信用评分系统。[18] 生态系统产生的大部分知识将成为半公共产品，可以在网络内的伙伴之间分享，每个伙伴将以自己的方式使用这些知识。在这个过程中，单个企业和整个生态系统都将变得更具灵活性。以阿里巴巴旗下的淘宝为例，生态系统中的互动开启了持续、共同学习的循环，卖家、网站所有者和阿里巴巴都以不同的方式从中获益。

第二，生态系统战略使公司有机会领导复杂的合作伙伴网络，从而使生态系统在创新、交付和支持产品或解决方案方面比纯粹的自组织系统更有效。一个很好的例子就是像硅谷这样的集群。[19] 集群使同一城市或地区拥有不同能力和技术的公司和其他参与者聚集在一起，彼此接近使它们能够相互作用，分享知识，激发创新，形成联盟，并建立全新的价值链。在这个过程中，产业集群使联合学习成为可能，而联合学习在很大程度上又成为一种公共产品。阿尔弗雷德·马歇尔曾这样描述这个过程："贸易并不神秘，就像空气一样，人们在不知不觉中掌握了其中的奥秘。"[20] 但是传统集群要想联合当今分散在世界各地的能力，必然会受到地理边界的限制。

由商业生态系统推动产生，由信息和通信技术支持的虚拟集群，如果被生态系统的领导者催化、塑造并创造，而不是仅仅依靠传统的自组织，就可以产生更多的学习行为，并且创造更大的价值。生态系统领导者的工作是确保不同合作伙伴的投资保持一致性，即让投资保持方向与节奏的一致性。例如，阿里巴巴最先进的信息通信技术系统，确保了在卖家投资改善客户界面的同时，其分销伙伴也能投资改善仓储和配送设施，使两者的投资结合起来，从而借助追溯、可靠性和速度方面的新功能，使每个人都受益。

合作伙伴的投资和生态系统的发展将产生积极的螺旋效应。加入的每个新合作伙伴或客户都会为整个生态系统提供价值，回馈所有参与者。规模经济和区域经济不再受单个企业规模限制，而是可以从整个生态系统的规模中获得收益。

正如我们在阿里巴巴和ARM的案例中所看到的那样，生态系统领导者可以创建有利于共同学习的环境：一种让专业合作伙伴形成互补的系统结构；一条技术路线图和相应的路线规则，可帮助合作伙伴协调投资，并且形成共同语言、沟通机制和治理结构，减少与合作伙伴互动的成本。审时度势，避免生态系统原生的混乱和低效，使所有合作伙伴及最终客户受益。精明的生态系统领导者还可以从中为自己赢得利益，提高利润水平。

第三，生态系统战略具有高度的灵活性，使合作伙伴能够根据环境变化不断调整其活动。但不同于自由市场，生态系统战略的调整会影响合作伙伴的产品与战略，使其做出与自身利益一致的改变。因此，充满活力的生态系统可以使参与者的各项活动、投资和角色不断变化，以应对系统的意外变化。生态系统使公司可以避免传统合资企业或典型的"中央与地方"联盟结构的僵化,在这些结构中,合作伙伴及其角色往往是预先设定的,并且一成不变。

因此,在 ARM 的生态系统持续发展的过程中,生态系统的领导者和其他合作伙伴采取的行动仍在不断调整。随着规模和专业化的提升,新的合作伙伴出现,角色发生变化,旧的关系消失,新的关系建立起来。这个灵活的演变过程创造了新的客户价值来源,并获得了新的收入来源。通过在生态系统领导者推动的框架内培育自组织,生态系统战略将市场的灵活性与内部组织层级结构相结合。在这个不断重新配置的过程中,可能还会进一步完善公司内部的组织流程。你会更深入地认识自己的优势领域,看到别人擅长什么。你会明了如何在数字化影响各行各业的时代中成长,以及自己的组织结构需要如何调整,从而使得价值创造变得更加有效。你也可以学会如何成为未来世界生态系统的领导者。

综上所述,成功的生态系统战略注重以下三个方面。

其一,快速创新:生态系统的综合能力可以产生单独一家公司难以企及的多样化的知识类型。

其二,全新的价值来源:找到新颖但尚未明确的方向,将汇聚起多样性的能力和经验,这远非任何一家公司可以做到的,进而实现网络经济,在整个生态系统中形成规模经济。

其三,实现"系统化的灵活性":生态系统可以将自我组织能力的灵活性与生态系统领导者所赋予的专注和协调能力结合起来,不断重组进化,以应对瞬息万变的市场。

正如我们将在第三章中看到的,这三个特征的结合使得生态系统战略特别适合 21 世纪的市场环境,以及当今越来越多的企业面临的颠覆与变革形势。

生态系统战略并非适用于所有人

尽管生态系统战略在当今的商业环境中有强大的优势，然而还有其他类型的网络组织同样可以有效地帮助公司实现目标。这包括合资企业、联盟、平台、供应链网络、互补型的伙伴协议，以及融入当地的产业集群。生态系统战略能提供更多的优势。在接下来的章节中，我们将会清楚地看到，生态系统战略的独特优势源自共同学习和创新，这是核心所在。同时生态系统提供了创造与不断迭代改进所需的灵活性和试验田，并且结合了参与者的业务侧重和领导者制定的准则，而这对于快速扩大规模，以及有效交付新产品和客户化服务方案是非常必要的。

与传统上按照地理位置划分的产业集群不同，生态系统能够突破地理位置的局限。即时通信应用Skype的联合创始人之一尼克拉斯·曾斯特罗姆认为，地理位置上的聚集在创新中已经失去优越性，对于可能从全球运营中受益的公司而言，集群在同一地点可能成为一种负担。他认为像硅谷这样的技术中心间的竞争已经成为过去：

> 这种地理上的霸权争夺无疑是引人注目的，但其效果实际上却是让地理位置变得更不重要，这和人们所想的不同。例如，多亏了互联网本身，几乎每个人都能接触相同的信息，对大多数人来说，必须尽量靠近信息中心的年代已经一去不复返，像我们这样的投资者正在全球范围寻找值得扶持的有前景的公司。虽然每个地方都有它的机会和不利条件，比如，在旧金山更容易找到顶

尖的计算机科学家，而在赫尔辛基更容易留住他们，但你起步时所在的位置不再是能否成功的关键因素。今天，事实上，卓越的公司可以来自任何地方。在某种程度上，我们对地理的执着是错误的。在科技领域，就像在生活中一样，重要的不是你来自哪里，而是你要去往何处。[22]

生态系统战略还使公司能够更有效地将集群中产生的外部性内在化。正如阿尔弗雷德·马歇尔设想的，知识并非只是"在内部传播"，生态系统中合作伙伴间的联系使某些知识更容易"私有化"，或在有限的各方共享。

这为生态系统中不同的合作伙伴，尤其是生态系统的领导者，提供了更多的机会来获取价值。在最近一项关于制药公司如何在20世纪90年代内化生物技术的研究中，生态系统方法被证明比只专注于内部开发更高效。20世纪90年代，生物技术的一个显著特点是，真正了解研发潜力的科学家和企业家为数不多。对传统制药公司来说，挑战在于获得有限的技术人才，这些人大多数喜欢在少数地区（如旧金山、圣迭戈、波士顿和剑桥）的大学和初创企业工作。因此，及早进入这些活跃地区是获取核心竞争力的好方法。[23]

传统的供应链网络，例如，丰田等汽车公司或飒拉等服装制造商的供应链网络，能够进行高效生产，交付规格明确的商品。然而，它们通常不会在合作伙伴间创造学习机会。由于供应链中每个参与者的任务都被严格限定，而且绩效集中于成本、预先规定的质量标准，以及交货时间等明确的衡量标准，联合创新的空间和动力都近乎零。价值链领导者可能会积累知识，因为它协调了严格定义的供应链，并与终端客户进行交互，将市场信息传递给供应商。然而，即使是这种有限的学习和灵活反馈也会受到规格参数、供应商合同和狭隘的绩效目标的限制。确定了产品或服务的需求，就带来了效率上的优势，但却会阻碍新客户的解决方案、价值来源或新的业务模式，还有以学习为关键的业务发展。因此，在应对持续变化的环境时，传统的供应链网络会显得效率低下。

联盟和合资企业能共享知识，甚至共同开发新产品，但它们通常在少数合作伙伴之间，以非常结构化的合同框架工作。其结果是不适合交付由阿里巴巴和 ARM 创建的那种全新的客户解决方案和商业模型。在这样的组织结构中不同的合作伙伴扮演不同的角色，需要与哪种类型的合作伙伴联合是不确定的，而且在不断变化。在这种情况下，几乎不可能设计一个集中化的联盟来完成这项工作。

当然，人们可以建立多个双边联盟，即所谓的"互补者"（complementor）。[24] 但这种中心辐射式的安排会给生态系统的领导者带来巨大的负担，不仅因为建立网络需要投资，还因为维护这样的网络需要持续的资源投入。在这种架构中，管理者充当沟通的渠道、协调互补的中间人，在网络伙伴间产生争端时扮演仲裁者的角色。回想一下第一章中引用的曾鸣的警告："经历了过度控制，并最终成为瓶颈，我们从中吸取了许多痛苦的教训。"

像 Airbnb（爱彼迎）、Grab（东南亚网约车和送餐平台公司）或 Deliveroo（英国外卖平台）这样的零工经济交易平台使许多独立的供应商和用户可以聚在一起。使用该类平台的合作伙伴可以来来去去，但参与者之间通过交易平台交换的信息有限，而且往往是高度标准化的。平台的领导者可能会积累大量的数据，从而发现新的机遇。然而，由于其他各方之间的交流是非常结构化的，联合学习和创新的机会，以及共同重新配置和发展价值主张的灵活性，通常难以实现。如前文所述，尽管阿里巴巴的大部分业务都以交易平台为核心，但只有采用生态系统思维方式，并与合作伙伴围绕这些平台，以创造性的方式共同努力，公司才能启动强大的创新引擎，这是成功的真正动力所在。

因此，我们坚信，生态系统是位于自由市场与层次结构之间的混合体，非常适合应对技术或其他方面的颠覆。我们知道它虽然不是万能药，也不是应对一切不确定性的解决方案，但是当面对变幻莫测的颠覆，急需创新之际，正确领导一个生态系统显然比其他组织形式更具优势。

在思考如何利用领导生态系统的这些潜在优势时，首先要知道什么是伪生态系统。随着"生态系统"一词日益流行，甚至被滥用，清晰界定生态系统变得越来越重要。显然，生态系统不等同于复杂的供应链，也不是简单的数字平台或市场。生态系统不是领导者可以完全掌控的静态结构。正如最新的相关研究指出的那样，这种误解的危害不仅限于语义层面，甚至使得生态系统的许多重要的功能被忽视。在最坏的情况下，可能导致错误的决策。[25] 始终牢记，生态系统是一个网络，它将具有不同能力和知识的合作伙伴聚集在一起，以创造新价值为目标，灵活地创新、协调和共同发展。生态系统领导者的作用是催化和引导生态系统的发展。

在阐述了生态系统为何能与时俱进之后，我们将研究它如何创造新的价值来源。

第三章

开辟新的价值源

开发生态系统可以为客户创造更多的价值，这是任何一家独自拼搏的公司都难以企及的。生态系统创造额外价值的能力是衡量其成功的关键指标。正如我们在第二章中提及的，商业生态系统的效率不如层级制的组织结构，这是必须付出的代价，但生态系统通过更广泛的联合学习、快速创新和灵活性来弥补效率上的缺陷。额外创造的价值将会超越生态系统的领导者和合作伙伴所付出的成本。

生态价值创造的潜能

生态系统能创造什么附加价值？我们已经观察到生态系统战略创造新价值的四种方式。

新的产品组合

这种组合使产品具备更多样化的功能。例如，苹果的 iTunes 与应用程序商店，通过吸引数百万创作音乐、视频和不同种类应用程序的合作伙伴，为 iPhone 或 iPad 等硬件产品提供了几乎无限的新功能。

新的客户解决方案

生态系统的领导者将合作伙伴聚集在一起，决定如何更好地结合来自合作伙伴的各种能力，开启与主要客户的迭代学习周期，从而更有效地满足客户需求。达索系统的案例便生动诠释了生态系统的领导者如何将数百个知识合作伙伴聚集在一起，创建汽车、生命科学或飞机设计领域的生态系统，从而支持创新。达索系统是一家总部位于法国的国际软件公司，2017 年的营业额为 39.75 亿美元，2019 年初的市值超过 430 亿美元。[1] 达索系统于 20 世纪 80 年代初从达索航空公司——一家军用飞机和商业客机制造商，产品包括猎鹰型号客机等——分拆出来。达索系统为航空航天工业开发了强大的计算机辅助设计（CAD）软件，这是 3D 建模最早期的先驱之一。达索系统主要服务于其兄弟公司——达索航空公司，因此达索系统精通设计一架飞机需要什么。它在该行业的真正突破是在 20 世纪 90 年代，当时达索系统与波音公司密切合作，设计了 777 型客机，这是第一架没有制作物理原型机而设计的飞机。在生产首架飞机之前，波音使用纯虚拟的数字模型来完成所有测试，这需要两家公司共享大量的专业技术知识。即便如此，达索也不具备建模的所有技术专长，比如飞机的空气动力学。通常情况下，这些专业知识都掌握在拥有非常专业技能的少数公司手中。接着，达索系统将这些功能整合到被称为"CATIA 3DEXPERIENCE"的平台上，并衍生出了该产品的"虚拟孪生"——对物理实体完整而详细的计算机模型。

在为其他行业开发解决方案时，达索系统总是与对该行业有资深专业知识的合作伙伴紧密合作。在此过程中，它发展出全新的理念，并应用于服务其他客户。例如，在 21 世纪初，它与丰田合作，整合产品的虚拟设计、制造流程、供应链和售后服务，进而诞生了达索产品生命周期管理（PLM）系统，该系统集成了设计、开发、制造设计和管理流程，包含许多其他行业认证所需的资料。即使在今天，这种方法仍然在为达索系统服务。例如，2018年6月，该公司宣布与法国主要综合电力公司EDF和全球咨询公司凯捷达成为期20年的合作伙伴关系，以便核工程行业实现流程和工程方法的数字化和现代化。

达索系统以类似的方式与矿业、制药、海洋工程、时装设计、消费品、能源和城市等领域的行业领袖和数百家专业公司合作。构建"虚拟孪生"世界的观念已经在许多不同的应用中被证实有效。例如，为了制作一座城市的第一个虚拟孪生城市，达索系统与新加坡国家研究基金会，以及新加坡许多政府机构密切合作，整合城市规划、政府服务、能源供应、安全、社会融合、经济发展、可持续发展、卫生服务等。从这些公共机构收集的图像和数据，包括几何、地理与地志，以及人口、迁移与气候等方面的历史和实时数据，通过"虚拟新加坡"——一个动态3D城市模型和协作数据平台——所生成的数据，能够创建丰富的视觉模型以及对新加坡逼真的大型仿真。最后，用户可以数字化地探索城市化进程对城市国家的影响，并开发与之对应的解决方案，从而优化环境和灾难管理，基础设施，国土安全以及与社区服务有关的物流、治理和运营。

选择与新加坡合作并非偶然。达索系统总裁兼CEO伯纳德·查尔斯回忆道：

> 就利用技术来规划和管理未来几十年的转型而言，新加坡是

世界上最先进的城市,新加坡政府对智慧国家的前瞻性与我们通过3D技术使产品、自然和生命达到和谐的愿景相契合。城市是人类创造的最复杂的"产品"之一。借助最先进的工具和应用程序对这些城市的未来进行更有效、更准确的预测,我们可以更好地预测国家资源规划或社会服务,并为实现可持续的生活质量的提高做出贡献。我们希望看到其他城市也能效仿新加坡的这些令人振奋的先例。[2]

创建虚拟孪生城市的能力使得达索系统能够与几个蓬勃发展的城市合作,比如印度的斋浦尔,并为它们的城市发展开发详细的3D模型。

达索系统使用这种方法,将800多个合作伙伴聚集在一起,促进了许多生态系统的发展,将汽车、生命科学等行业的主要客户以及数十种服务、软件、技术合作伙伴和教育机构聚集在一起。它们的生态系统提供了一整套软件解决方案,涵盖PLM的各个方面,从最初的构思草图到维护资料,均针对各个行业的特定需求加以优化。达索系统的PLM生态系统使得创新速度更快,解决方案的范围更广,用户定制化需求的针对性也更强,这些都是达索系统凭借一己之力无法做到的。正如查尔斯所说:"当我们正在转向一个以体验为中心的世界时,生态系统的创造性正变得比任何一项专利都更有价值。当然,创新与生态系统内知识的传播是不可忽视的,但我们还必须找到新的模式……在个人贡献、投资和为消费者和社会创造的总价值之间达成适当的平衡。"[3]

新的平台经济

当公司建立一个平台，并围绕它孕育出生态系统，为合作伙伴和客户分享产品、服务和知识提供便利时，客户将会从创新的产品、更好的性价比、更多的选择和更低的风险中获益。围绕平台构建的生态系统最突出的例子是双向市场，例如，优步、来福车、滴滴出行、Grab 以及爱彼迎，它们不仅使潜在买家和卖家实现高效交易，还可以有效传递各方之间的需求与供给。

为了让生态系统成功，生态系统领导者要做的不仅仅是建立一个交易中心，而是需要找到吸引和培养潜在合作伙伴与客户的方法，密切关注生态网络的演变和学习，并催化其不断发展。但是，利用平台经济创造新价值的可能性并不局限于建立双向市场。正如我们在 ARM 的例子中所看到的，该公司通过建立其 RISC 芯片系统架构形式的平台，在加速创新的同时降低了设计和制造这些芯片的成本，从而创造附加价值。

新的产业

创造价值的潜力有时会创建一个全新的产业。在这个产业中，以前从未有过互动的公司第一次走到一起。当然，一个新出现的市场有时也会让它们走到一起。但正如我们在第二章中所看到的，市场不太可能有效地促进建立一个新产业所必需的知识交流与共同学习，尤其是当它的未来被迷雾笼罩的时候。例如，创建新的出行产业将不仅仅涉及汽车公司。事实上，汽车制造商可能是诸多贡献者中，并不那么重要的参与者之一。一个新的出行产业需要基础架构提供商、新型传感器（车载和嵌入式传感器）的设计者和制造商、软件和人工智能公司、自动驾驶汽车中满足乘客的娱乐系统以及政府和监管机构，这些还只是部分参与者。因此，建立一个新的生态系统，促进合作伙伴之间的交流和学习，并帮助协调它们的投资，对于释放未来移动解决方案的巨大潜力至关重要。例如，中国共享出行、人工智能和自主技术企业集团滴滴出行于 2018 年 8 月宣布，将对其汽车服务业务投资 10 亿美元，并将其拆分为一个独立部门，它表示："未来，滴滴将继续与整个汽车产业链中的合作伙伴建立双赢的协作网络，以构建一个旨在为共享出行的未来而设计的全新运输生态系统。"[4]

价值创造势在必行

通过启用新的产品组合、客户解决方案和平台经济来创造生态系统的战略可以带来全新的价值，进而催生新的产业，这听起来很有吸引力。但是，为什么它对于越来越多的公司来说是势在必行的呢？

答案在于，全球竞争格局正在发生变化，要求企业具有更全面的能力，这也给企业带来更多与其他企业接触的机会。在支持生态系统战略方面，全球化的三个发展方向尤其重要：客户越来越多地需要解决方案和体验，而不是单纯的产品；许多产品和商业活动的知识含量在不断提高；信息和通信技术的进步正在创造新的机会。

客户需要的是方案和体验

正如我们在第二章中提及的，客户越来越需要方案与体验，而不是简单的产品或服务。根据客户特定需求和偏好量身定制产品或服务，这样的使用体验才是客户希望得到的。这也是 B2B 市场的大势所趋，客户已经开始期待按服务付费（如购买"按小时计算电力"或"道路使用里程",而不是喷气发动机或轮胎)。交付这样的体验通常需要借助复杂而集成化的系统。

即使是和朋友出去吃顿便饭这样简单的体验,也变得越来越复杂。智能手机上具有基于位置服务的应用程序,可以推荐等待时间最短的餐厅,并推荐最合你口味的食物。其他应用程序会向你推荐最快的线路,以及最适合的出行方式。社交媒体可以提供让你分享体验或者给食物和服务打分的平台。遍布全球的复杂供应链可以为餐厅带来异国情调的食材,让你可以尽情享受自己喜欢的菜肴……没有一家公司能够独自交付上述这些解决方案。创新的客户体验正在变得无法仅凭公司内的几个部门的专业知识和能力,或者依托几家分包商的协作。在越来越多的行业中,创新所需的相关知识和能力分散在全球各地的诸多参与者中。在当今瞬息万变、充斥着不确定性的世界中,不仅是满足客户需求的各项能力遇到瓶颈,更具挑战性的在于要快速、灵活地重新配置提供产品的企业之间的互动。

与此同时,许多公司面临越来越大的压力,它们必须专注于较少的核心业务,减少不必要的投资,避免因复杂性而增加成本。这种专注性能使它们将资本支出用于核心流程,部署最新技术,并集中精力提升其核心竞争力。[5] "专注取胜"已经成为一个流行的口头禅。不过,业务的专注性与更多集成与复杂的用户体验矛盾,这种体验需要将多种产品和服务实现定制化捆绑。

这种趋势还有很多例子。功能单一的移动电话已经被能够提供各种服务的智能手机取代。在人口稠密的城市中,汽车已经被按小时计费的交通服务取代。涉及从保险到股票发行的各种复杂金融产品正在取代简单的抵押贷款。在每一种情况下,价值都是通过大量合作伙伴提供的产品和服务的组合来创造的，例如，美国的 Zipcar（在英国、美国、加拿大、西班牙、法国、德国、土耳其、比利时和中国台湾提供随时随地按小时租车服务）、巴黎的 Autolib 或 Car2go（现已不复存在的共享汽车公司），以及柏林的 DriveNow。这些都需要借助大量合作伙伴的配合，包括业主和地方当局（提供停车位），以及信用卡公司、故障与清洁服务公司和保险公司。

要处理好"集中兵力，但扩大战线"的矛盾，一种方法是将更多业务外包给合作伙伴。但是，传统供应链中常见的上下游和分包模式，使得可靠地交付涉及多种技术、能力和服务的复杂解决方案包非常具有挑战性。在传统供应链中，合作关系和激励政策往往彼此对立。[7] 提供复杂的客户解决方案，而不是外包一些明确定义的业务，不仅需要管理复杂的交互，还需要许多相互依赖的合作伙伴之间的知识交流，展开试错性质的学习。生态系统战略可以更好地调整这些任务。[8]

知识含量的上升

第二个重要趋势是，许多产品与业务活动中的知识含量正在上升。处理隐性和非结构化知识的工作者人数不断增加，这意味着简单、标准化或清晰的物理接口无法满足许多行业所需的信息交互。更复杂的知识必须在合作伙伴之间传递流动。责任界限是模糊的，需要加以管理。同样，对共同开发的知识产权的主张也是如此。

生态系统结合来自不同合作伙伴群体的知识，创造新的价值。作为 PLM 系统的市场领导者，达索系统通过创建特定应用的用户组来实现这一点，这些用户组在特别设计的社交网络平台上展开协作。[9] 正如我们在上文中提到的，产品与流程的建模、设计的基本原则可能在许多行业中都是通用的，但是有效的软件解决方案需要包含深入行业的认知，即行业内默认的规则和知识。设计汽车或飞机与设计时装或地质分析应用程序所用到的技能截然不同。为了将矿业公司的运营数字化，达索系统必须与澳大利亚必和必拓这样的矿业集团、阿特拉斯·科普柯这样的设备供应商，以及法国拉萨尔这样的大学实验室合作。为了获取不同行业的特定知识，达索系统与包括系统集成商、客户和供应商在内的数百位合作伙伴携手协作，并将持续这种做法。对每一款解决方案，它都在内部开发的企业社交网络平台 3DSwYm（3D See what You mean，意为"3D 明白你的意思"）上创建了用户社区，旨在动态地分享和运用知识。这使得达索系统能够发掘和发挥公司内部与外部的才能及创意，包括合作伙伴、供应商、消费者或任何其他利益相关者。通过社区的联系，帮助不同的群体围绕关键目标团结起来，专注于生态系统如何创造价值。这些社区还通过建立一种开放的模式，推动产生了强大的协同与参与度。

达索系统 3DSwYm 首席执行官索菲·普兰特表示："3DSwYm 赋予每个人创新和增值的能力，分享他们的经验，提出想法，培养强烈的归属感，让每个人参与企业的挑战和愿景……其结果是打造一个 360 度全方位蓝图，包含整个生态系统的各种活动和互动共享。3DSwYm 成为一个实时的社交动态环境，提供了有效的决策和行动支持，利用社会创新来帮助组织转型。"时任达索系统工业和营销执行副总裁的莫妮卡·门吉尼补充说："我们正在为客户提供一个价值创造平台。公司内部的许多学科都在创造价值。从银行和保险到零售、时尚、建筑、能源、生命科学、交通或航空航天，所有行业都需要打破壁垒，让所有人都有机会创造价值。3DSwYm 是我们社交行业体验战略的核心。"[10]

这种跨生态系统的共享成就了达索系统串联起 11 个不同的工业行业，实现创新，并成功保持业内领先地位。目前，它已经开始在这些行业内交付各种商业化应用。

知识管理日益成为竞争优势的核心，广泛的不同合作伙伴（每位合作伙伴都受到不同的背景、历史和文化影响）联合学习形成的生态系统模式将会产生大量知识与创新，这对于目标的达成至关重要。

发展一个由诸多合作伙伴构成的生态系统将能够增强创新能力，这搭建起百花齐放的平台。由于避免了知识传递过程中的许多问题——这些知识大部分嵌入外部组织的人员、系统和文化——生态系统战略对于促进创新和发现新价值越来越有吸引力。

泛在化的颠覆与不确定性

企业今天在不确定性不断增加的环境中运营，受到想要重写游戏规则的破坏性竞争对手的挑战。技术的快速发展，贸易和商业世界的彼此联系，以及地缘政治的不稳定无疑是使这种不确定性加剧的部分原因。回顾 2008 年的美国金融危机以及随后几年的情况，银行和金融机构之间的相互关联，导致了一些著名金融机构倒闭。反观电信运营商的命运，它们从短信流量中赚了很多钱，但现在却直面来自微信、WhatsApp、Line、Telegram 和 Viber 等基于互联网的社交网络的激烈竞争。

在生态系统中，合作伙伴可以通过松散的架构协调发展，协作试验。与传统的层级制度、分包关系相比，生态系统可以更有效地吸纳不确定性，而在传统的层级制度中，交付成果必须事先精确加以明确，各层级间难以重新配置调整。[11] 正如我们将在第五章中看到的，生态系统能够使生态系统领导者以较低的资本投资，获得规模经济和网络经济，这进一步强化了生态系统的优势，在"赢者通吃"的行业中尤为明显——规模收益的递增通常具有决定性意义。[12] 与此同时，生态系统战略释放新的平台经济或创造新产业的能力足以对抗颠覆性技术或市场的骤变。

信息通信技术带来新的机会

虽然生态系统战略可以应对挑战，并带来创造新价值的机会，但部分商业领袖仍可能因为对其中的复杂性心存顾虑而止步不前。信息通信技术的革新使生态系统等新的商业模式越来越容易实现，成本效益也变得更高。这些技术使商业生态系统能够汇集起分散在全球各地的各种经济资源和知识，并创建一个"数字公共资源"。在过去的历史中，分散在不同地区的合作伙伴之间的网络经常受到信息通信技术高昂成本的阻碍。而在不久的将来，尽管远程通信可能不是面对面交流的完美替代方案，但技术进步和单位成本下降将使得更复杂和分散的生态系统在经济上变得切实可行。

达索系统借助信息通信技术将工程师和合作伙伴的工作人员聚集在一起，展示出如何在几十个不同地点协调开发工作。达索系统的软件平台使工程师们可以在自己的实验室内与合作伙伴（位于法国、美国、日本、中国和印度等遥远的地方）通过互联网进行实时的3D设计。这种能力对于任何拥有全球化的工程和制造业务的企业而言都是一项显著的优势。信息通信技术可以加强合作的广度和深度。每个个体，无论身处何地，也不管是否被公司或合作伙伴聘用，还是作为自由职业者，都可以跨业务流程进行相互协作，从最低层次的详细信息到完整的产品定义，将产品的需求和功能、逻辑和物理定义结合在一起。另外，达索系统为设计人员的操作创建了一套独立于自然语言之外的标准技术说明，这大大减少了由于语言差异造成的障碍。

雷诺是达索系统的用户之一，这家法国汽车公司是雷诺-日产联盟的一部分。自 2009 年以来，该公司已在其所有地区和品牌中部署达索系统的解决方案。在线访问其模型和虚拟孪生的数字样机简化了工程站点之间的协作。这种特有的协作界面让雷诺分布于全世界的开发者在产品与流程设计中，实时和最终成品的效果保持同步。[13]

雷诺原来的工程流程被分成三纵三横的方案，通过采用统一协作的达索系统平台，该平台使用单一的、标准化的数据模型，解决方案可以"开箱即用"式部署到所有的工程部门。雷诺转变其产品开发战略的核心是，利用达索系统平台在一个灵活、精确和协作的环境中虚拟化整个产品生命周期。此外，雷诺还加强了合作伙伴和供应商的合作，确保分散在全球的各个团队之间的绩效和数据的一致性。

雷诺想要一个集成和协作的 PLM 环境，通过数字仿真和数字模型的在线管理来提高运营的透明度，并且提高应用场景验证的有效性。从概念到设计、法规遵从、仿真和制造，这种环境大大简化了整个管理层对雷诺汽车产品生命周期的决策流程。

发现新价值：生态系统领导者的角色

新产品组合、新客户解决方案、新平台经济、催生新行业，生态系统开发可以通过这四种方式来释放新价值。这些方式有一个共同特征：需要一个过程来发现新的客户价值。这种新价值不是按照预先的规划，由现有的各项元素组合而成，而要被挖掘识别。在发现新价值的过程中，商业生态系统得以形成。

发现新的价值来源需要借助生态系统所擅长的三项关键能力：

- 快速、联合学习以及创新的巨大潜力；
- 善于发挥不同参与者的能力，并通过某家先知先觉的领导者将它们聚焦于一个共同的目标；
- 紧随不确定、快速变化的环境，进行同样快速的调整配置。

鉴于这些需求，作为生态系统领导者，你将如何通过生态系统战略来催化和促进新价值的发现？

关注外部

你能做的第一件事就是观察外面的世界发生了什么，首先从潜在客户开始。生态系统的领导者不能闭门造车，在自己的办公室里构想一个全新的价值主张，设计出自认为理想的生态系统，然后坚定地尝试建立。因为大多数公司都从一个宽泛而模糊的概念开始，即推测潜在新价值的可能性，开始与潜在的客户接洽，或尝试用一种设定的产品、服务、平台来吸引他们。最后在很多情况下，努力缔造的生态系统的价值和形态并不是它们原先期望的。

事实上，生态系统战略的价值潜力从早期的失败中就会显现出来：在理解最初客户拒绝首批产品的原因并采取行动的过程中，面向未来的生态系统领导者会调整方向，发现真正的客户价值。ARM开发出其首款成功产品的故事表明，价值发现的过程是如此艰辛，但最终还是会带来回报。要不是因为当时的手机领导者——诺基亚对芯片供应商德州仪器提出的首个方案（其中包含 ARM 的设计）的负面反馈，ARM 可能只是一家专业的供应商。在众多问题中，诺基亚指出，由于软件代码冗长，ARM 处理器需要消耗太多内存，这使得产品太过昂贵。但诺基亚同时也意识到市场上没有一种产品能够提供所需的性能，并且没有清晰的方案来解决这些问题。为了独辟蹊径，它建议由德州仪器、ARM 和诺基亚组成联盟，来寻找新的解决方案。

结果，ARM 与原始设备制造商的合作伙伴紧密合作，该合作伙伴包括 ARM 的直接客户、德州仪器和"客户的客户"（在价值链中减少了两个环节）。与跨越直接客户的各种合作伙伴密切互动给 ARM 带来了显而易见的收益。ARM 详细了解了诺基亚的优先事项和需求。此外，它还从德州仪器那里获得了有关与其数字信号处理技术进行接口以及芯片高效制造的详细知识。这些后来成为 ARM 全球生态系统的起源。与合作伙伴网络一起工作，真诚倾听它们的需求，这些都有助于发现新的价值。

ARM 的故事也说明了维系可持续生态系统的新价值的本质，最终客户得到了必需的附加价值。

在 ARM 的案例中，这是指更强大的功能和更长的电池寿命。对于所有涉及其中的合作伙伴而言，还有其他价值：对诺基亚来说，这以低成本实现了高性能，使产品价格更有竞争力；对德州仪器来说，这是销售更多芯片的机会；ARM 本身直接受益于许可费和版税等设计收入。而且，ARM 的间接价值更为重要。通过与合作伙伴互动，ARM 从诺基亚那里得到了关于下一代产品需求的宝贵知识，从德州仪器获得了新的芯片制造技术。这些知识使 ARM 能够在以后提出全新一代的设计。该生态系统不仅带来了短期收入，还让 ARM 凭借竞争对手缺乏的知识走上了持续创新的道路。

这种创新的引擎形成了一个价值发现的良性循环。伴随ARM生态系统的发展，它发现了其他类型的新附加价值。苹果或三星等手机制造商与ARM合作，它们可以分担开发一个灵活平台的成本，在这个平台上可以制造自己的设备。这使得它们可以集中资源在ARM的基础上开发自己的专利技术。作为RISC芯片生态系统的一部分，手机制造商还可以从众多半导体制造商中进行选择，而不是被专有技术束缚。每当需求周期上升导致供应短缺时，就提供了找到可替代的供应商的机会。对德州仪器和台积电等半导体制造商来说，向众多OEM出售产品的能力帮助它们获得了规模经济，并提高了产能利用率。最终客户则受益于更高的可靠性、更低的成本以及更快的技术迭代，而这些基础技术领域的进步包含了功能的增强和电池寿命的延长。生态系统可以为许多不同的合作伙伴提供不同类型的价值。

我们的下一项案例研究是雅典娜健康公司，它非常生动地说明了通过不懈地关注外部从而发现附加价值的过程。如今已发展成为一个丰富的医疗生态系统的雅典娜健康公司最初是一家诊所，由乔纳森·布什和托德·帕克于1997年在加利福尼亚州圣迭戈收购了一家妇产科诊所后成立。他们都不是医生，但这两位前医疗顾问认为，他们可以有效地管理医疗业务，并从中获利。积极的临床效果加上较低的价格，使得他们的诊所广受欢迎，收入不断增长，这种做法很快扩展到遍布加利福尼亚的十几家诊所。

尽管取得了成功，雅典娜健康却面临医疗业务一个常见的问题：付款方式。验证和处理保险索赔，然后得到补偿，这是一个耗时、高成本且困难的过程。医疗补助和私人保险公司通常要花费数周，甚至数月时间处理理赔。因此，尽管收入不断增长，雅典娜健康仍然时常遭遇现金流问题。为了解决这个问题，布什和帕克聘请了帕克的弟弟埃迪来开发一款基于网页的账单系统，用于追溯患者，处理医疗账单，并且进行保险资格审查。

布什和帕克很快意识到他们的软件解决方案 AthenaNet 对于其他医疗业务的潜在价值。当布什与潜在投资者接触以资助其业务增长时，收到了一个重要且出乎意料的信号——与公司的医疗业务相比，投资方对支持、利用、开发该软件的兴趣更大。意识到雅典娜健康作为一家医疗 IT（信息技术）解决方案提供商比作为一个医疗机构更有价值，布什和帕克在 1999 年改革了雅典娜健康，将其打造为一家医疗 IT 公司。他们开始向全国的医疗业务销售基于云计算的解决方案，主要专注于服务那些提供门诊服务的中小型医疗机构。

这家新公司的第一款产品——也是旗舰产品——AthenaCollector 是一款基于云计算的账单和业务管理软件。后期版本集成了电子健康记录服务、患者门户和自动消息传递服务，以及便于转诊、订购实验室、处方和住院的订单传输服务。在接下来的十年里，雅典娜健康公司的软件迭代增加了更多的功能，比如用于维护保存患者记录、与病人进行在线交流、处理保险索赔，以及处理账单和报销的选项。到 2010 年，公司的年收入接近 2.5 亿美元。

尽管如此，当创始人感觉到当前业务在医疗保健市场上具备更大的价值潜力时，他们认识到自己只是触及了表面。他们目前得到的只是市场中的芝麻，并没有涉及那个大西瓜。管理层将自己的公司与 Salesforce.com 和苹果的成功进行类比，并且意识到自己的公司内有限的能力正是释放潜力的瓶颈。雅典娜健康公司业务发展副总裁凯尔·阿尔布雷斯特回忆说："推动他们公司取得成功的并非产品的功能特性，而是通过支持那些想要进入他们行业的开发者和初创企业，创造出的巨大价值。"[14]

如果说从女性保健诊所向软件解决方案提供商的过渡有些偶然，那么从基于产品的战略向生态系统战略的过渡就是十分慎重，经过深思熟虑的。雅典娜健康的领导层开始采取措施，以推动围绕其云计算IT产品的医疗保健软件解决方案生态系统的开发，目的是创建他们心目中的"医疗保健互联网"。

为了探索发现新的价值，该公司在2010年推出了一个名为"拥抱剧变"（More Disruption Please，简称MDP）的项目，提出："雅典娜健康如何通过利用外部参与者的力量，使其对客户更有价值。"[15] MDP的核心信念是："医疗保健的快速变化使任何一个实体都不可能独自满足每一项医疗业务的需求。通过整合MDP合作伙伴的力量，我们可以将每个人专注的专业知识带给我们的客户，提供切合护理人员所需的特定功能。"[16] 阿尔布雷斯特解释说："我们不可能开发出客户需要的所有产品，更无法十全十美，我们需要交付自己能力范围以外的更多更好的服务。因此，我们自豪地把客户介绍给在某项服务上做得最好的企业。不去开发和拥有所有的产品和服务，事实上，让我们打造了更丰富的产品生态。通过提供与AthenaNet核心的连接，我们可以为客户交付一系列创新的解决方案。"[17]

通过生态系统战略，雅典娜健康将眼光放得更远，发现新价值的另一个关键点在于：不仅要看你有能力提供什么，还需要关注如何发挥其他人的能力，为客户创造更多价值。目前，该战略对雅典娜健康确实奏效：从2010年MDP推出时的2.5亿美元收入，发展到2017年，已经超过12.2亿美元，雅典娜健康成为美国领先的基于云的医疗保健 IT 公司之一。私募股权公司 Veritas 资本和艾略特管理公司看到了其进一步发展的潜力，于 2018 年 11 月以 57 亿美元的价格收购了该公司。

生态系统可能创造的整体价值

在探索生态系统战略可能释放的新价值潜能时，目光短浅是一种通病。许多公司犹如井底之蛙，只满足于看到一小片天空，努力寻找可能产生收入的产品或服务，或者在提供这些产品或服务的价值链中搜寻有利可图的"利润"池。

这种近视的产生是很自然的。在公司习以为常的传统供应链中，固定价值或多或少取决于客户愿意为产品或服务支付的价格。因此，收入和利润在很大程度上是由获得可创造价值的份额决定的。也就是众所周知的份额饼图：假如一方得到更多，另一方所得便会减少。直到最近，处于这些供应链顶端的公司才意识到，假如与供应商的合作可以提高效率并更好地调整其产能，它们就可以消除沉没成本（以往发生的，与当前决策无关的费用）。[18] 这要求生态系统领导者需要用宏观的视角在更广泛的范围内思维和决策。因为开始时生态系统所能提供的大部分新价值，人们只能模糊地感知到，因此，重点应该放在发现更多的价值潜力上，即怎样才能把蛋糕做到最大。

这正是 ARM 所做的。考虑到通过催化生态系统来改变 RISC 芯片设计，适配 OEM 厂商，加速创新，实现增值，就不必担心新工艺只会成为芯片制造商合作伙伴的金矿，让包括德州仪器、英特尔以及台积电等企业从中受益。事实上，只要生态系统的发展可以帮助合作伙伴赚更多的钱，对每个参与者来说就是一件好事。合作伙伴赚更多的钱,并不意味着ARM的蛋糕变小了。发现更多的价值创造意味着各方都可以获取更多的价值,假如合作伙伴更成功,最终的生态系统将是强大而可持续的。关键问题很简单:开发生态系统能使ARM受益吗?在这个阶段,合作方要忘记试图攫取最大份额的想法。正如古老的格言所说:"从零里面分得再多,结果仍然等于零。"

专注于做大蛋糕,而不是试图最大化自己的份额,这同样是亚马逊公司在2002年推出亚马逊在线市场时下的赌注。[19]该平台让第三方卖家——从个人到初创企业和中型企业——能够在亚马逊网站上销售自己的产品。尽管向第三方卖家开放网站意味着允许竞争对手可能与亚马逊网站平等销售同样的产品,但亚马逊还是迈出了大胆的一步。从短期来看,亚马逊本可以将竞争对手拒之门外,从而保护自己的零售产品,最大程度利用市场份额,从自己创建的生态系统中获得更多价值。但其首席执行官杰夫·贝佐斯心中有一个更宏大的愿景。回想起这个决定,他说:"基本想法是,我们有一个出售商品的网站,同时,我们希望有更多样化的选择。而获得大量选择的方法之一是邀请其他卖家、第三方进入这个网站,与我们一起参与,最终形成双赢的局面。"[20]

通过向第三方卖家开放生态系统,亚马逊即使在低库存的情况下,也可以让消费者在不同价格区间获得更多样化的选择。伴随越来越多的卖家加入,生态系统得到极大的发展。2006年,亚马逊通过创建亚马逊物流配送服务,进一步扩展了对第三方卖家的支持,该服务为使用该网站的中小型企业提供商品的存储、运输、支付和客户服务。通过将销售、支付处理以及仓储分销等商业服务转移到亚马逊,小型企业可以全身心专注于开发和制造产品,而无须销售和分销网络,这

第三章 开辟新的价值源

样减轻了它们的成本负担，并缩短产品上市时间，而亚马逊则可以从规模经济中受益。

因此，亚马逊生态系统能够提供更有竞争力的价格和更快速的服务。更多的合作伙伴进行了投资，进一步扩大增强这个生态系统，为亚马逊带来了新的赢利机会。亚马逊从扩大的交易流中分得了一杯羹，否则这部分交易很可能会输给包括亿贝等在内的竞争对手。它还可以从提供交付和配送服务中获得额外收入，扩大规模并降低成本。事后看来，亚马逊向第三方开放的决定着实是高瞻远瞩的一步棋，但促使亚马逊产生这种创意的根源其实很简单：专注于最大化生态系统的机会，而不是自己分得蛋糕的份额。

当然，正如我们将在第八章读到的，保持平衡至关重要。在不损害生态系统活力的情况下，获取诱人的利润流对生态系统的领导者来说同样是必不可少的。

建立新的连接

发现任何新的价值来源均依赖新的连接。这可能存在于不同的产品和服务、能力或知识型资产之间，原先这种连接没有真正发挥作用，是因为受限于公司之间的组织边界、地理距离、技术的不兼容性，或者仅仅只是因为人们感觉把它们集合在一起不会得到任何好处。为了发现新的价值，每个生态系统的领导者都需要尽可能地创造新的连接。

苹果的 iTunes 和应用程序商店很好地诠释了这一点。这两项创新都以前所未有的方式促进了硬件、音乐家、软件开发者、服务提供商（从航空公司到餐馆或在线商店服务商）和支付提供商之间的联系。ARM 的生态系统直接或间接地将半导体制造商、工具开发人员聚集在一起，吸收了来自不同行业竞争对手的知识，而此前这些知识从未被整合到一起。达索系统为 PLM 和软件工程师的知识建立了新机制，将他们的知识与系统集成商和供应商的知识结合在一起，并与各行各业具备专业知识的设计师、建模师以及维护人员进行互动。寻找方法建立新的联系，进行创新，这样生态系统领导者就可以在发现新价值方面发挥关键作用。

从网络经济中寻找潜在的价值

在确定哪些新的连接可能最有利于促进发现新的价值时，考虑生态系统中潜在合作伙伴之间的互补性尤为重要。联系在一起的人可能相隔很远。例如，ARM 逐渐发现，其生态系统中最强的互补性或许存在于 OEM 厂商的产品技术开发主管和 ARM 公司的工程师之间，而在传统的价值链中，两者毫无交集。

另一个考虑因素是，连接是否能产生积极的网络经济。众所周知，拥有电话的人越多，电话对任何人的潜在价值就越高，电话用户被联系到的概率越高。在一个生态系统中，积极的网络经济依赖的不仅仅是生态系统中客户和合作伙伴的数量，生态系统产生的价值也会受到参与者之间互动的强度、互动的类型、合作伙伴能力的多样性、互动的质量，尤其是参与者创造新知识的数量的影响。

生态系统产生的新价值取决于参与者之间互动的质量，而不仅仅是数量。通过创建这种互动机制，生态系统的领导者可以让生态系统发现更多的价值。当然，生态系统领导者的首要工作是吸引更多的参与者进入。正如我们在第一章中提到的，阿里巴巴在 2008 年推出了"大淘宝"战略，目的是鼓励大量潜在的新参与者加入这个生态系统。

它允许合作伙伴免费加入，并通过标准化门户和产品工具（如预先配置的店面模板）使合作伙伴更容易参与。

ARM 的年度合作伙伴会议向我们展示了一种不同的机制，帮助生态系统通过新的连接发现新价值。这个一年一度的合作伙伴会议是行业内独一无二的活动，为期三天。会议将 ARM 各个领域的合作伙伴聚集在一处，通常是在剑桥大学的一个学院。尽管这些年来邀请合作伙伴的标准各不相同，但受邀者通常都会包含原始设备制造商、配套产品和软件供应商以及 ARM 的直接客户。这个活动的目的是为 ARM 提供一个与合作伙伴共同展示和讨论信息的机会（如发布其当前的产品路线图）。同样重要的是，在活动期间，合作伙伴之间会有大量一对一的会面，有时 ARM 会参与其中，有时则是合作伙伴单独进行。促进大量的面对面接触是帮助生态系统发现新的、通常是意想不到的价值来源的重要方式。

另一个促进 ARM 连接的机制是借助 ARM 合作伙伴社区网站。这促进了生态系统中更广泛的社区、成千上万的开发者和其他参与者之间的在线互动。这个在线社区由特定的 ARM 高管管理，提供给开发人员免费访问大量资源的途径，并为开发人员和工程师创建一个在 ARM 生态系统的支持下交流思想的论坛，以及按产品类别、市场应用和 ARM 技术分类的公司和产品清单，所有这些都链接到各个合作伙伴的站点。

吸引更多样化的合作伙伴

吸引多样化的合作伙伴加入生态系统网络，这是领导者促进价值发现的另一种方式。雅典娜健康在 2014 年启动了创业加速器，旨在吸引拥有成熟产品、需要额外资源以形成规模的初创企业。除了工作空间和 25 万到 200 万美元的种子资金外，雅典娜健康还提供从员工、客户和合作伙伴网络中提取的专业知识，以及自己的客户资源。雅典娜健康主要关注那些有兴趣加入其健康市场，但还没有做好准备的初创企业。正如项目主管曼迪拉·辛格指出的那样，这样做的目的是"降低最佳解决方案的进入门槛"。[21] 这反过来又给生态系统带来了更丰富的多样性。鼓励新进入者与现有合作伙伴合作，打造新的连接，通过这种方式将以前孤立分散的能力和知识集合在一起，雅典娜健康能够帮助其生态系统发现新的价值。

通过提高互动的质量来促进价值创造

生态系统的领导者可以通过改善合作伙伴之间的互动质量来促进价值发现。阿里巴巴有意识地改善其生态系统中的交互质量。阿里巴巴生态系统中的许多网站，例如，由俱乐部运营的网站或本地信息门户网站，都带有指向其他网站的链接。但是这些链接的质量通常很差，缺乏有关访客的信息。通过向淘宝店主和网站提供最佳的链接，阿里巴巴使其生态系统创造了更多潜在价值。正如我们在第一章中提到的，它随后将系统动态化，使淘宝客这个流量聚合系统能够不断地学习有关购买者行为的信息。这帮助它持续不断地提高网站链接和淘宝商店之间的匹配程度。最终，链接会随着时间或用户的位置不同而变化，这有助于生态系统识别潜在客户，产生更多价值。

有时候，发现新价值需要生态系统领导者提出一项特定的线下倡议。2016 年，全球新闻、数据和商业智能提供商汤森路透发起了"法律技术创新挑战"。这发展形成了一个新的部门，并于 2018 年以

Refinitiv 的名义成为一家独立的公司。伦敦证券交易所于 2019 年 8 月收购了该公司。我们将在下一章中更深入地讨论这个案例。值得一提的是，汤森路透与斯坦福大学法律信息中心合作邀请了生态系统成员以及法律专业人士、程序员、企业家、数据科学家和其他相关方，共同开发新的应用程序，通过高价值的分析手段来提高法律系统的效率。[22] 参加挑战的人可以访问联邦法院资料、公司信息和汤森路透及其合作伙伴的数据。这项活动产生了一个全新的模型，可以根据关键细节，预测案件在联邦法院某位特定的法官面前被驳回的可能性。汤森路透法律业务创新总监指出："我们的客户越来越希望使用下一代技术解决方案来构建和推进功能更完善的法律系统。"通过创建一种与生态系统内外合作伙伴学习的机制，汤森路透能够"将（我们的）内部积累和领域专业知识与一系列领先的技术专家相结合，从而进一步推动创新，促进法律实践"。[23]

从发现到实现

在考虑如何发现生态系统带来的新价值时，公司可能已经具备生态系统的核心要素，包括客户、供应商和厂商、技术专家（如大学和研究机构），以及其他参与者，如具有影响力的人和监管方。以此为基础，思考以下 7 个问题。

1. 你如何将现有生态系统的核心要素转化为完整的生态系统？
2. 你可以用它做什么？创造新产品或客户解决方案，新的平台经济体，或者发展一个全新的产业？
3. 你开发生态系统的目的是什么？是为了弥补公司短板，为了改善效率，还是为了获取无法靠自己努力得到的知识，又或者全部？

4. 你需要发展什么信息通信技术，从而实现全球生态系统的协调和沟通？

5. 你如何对生态系统可以实现的价值提出愿景，而不是专注于自己公司能够独自创造的价值？如何确保对外部的专注并把控细节和变化？

6. 生态系统中是否存在网络效应，可以创造原本并不存在的价值？

7. 你如何在这个生态系统中发展不同类型的合作伙伴组合，鼓励它们之间建立新的连接，促进学习并获取知识？

发现为客户创造新价值的潜力是促进一个成功的生态系统发展的第一步，如何实现这种价值则是下一章的主题。

第四章

选择第一批合作伙伴

我们已经认识到，通过引导生态系统的发展可以创造新的价值。但是怎样才能找到合作伙伴呢？合作伙伴会理所当然地涌向一个成功的生态系统，因为加入其中的好处显而易见。但当一个生态系统处于初期时，它在创造和获取价值方面的能力仍有待证明。加入这样的生态系统的收益不会是明确的——所有宏大愿景或许都会难以实现。

此外，大型的成熟企业在启动生态系统时还时常面临其他问题，特别是当企业的目标是创建一种全新的商业模式，并且颠覆现有行业原有的规则和秩序时。合作伙伴知道领导者意图创建一个包容、创新和灵活的生态系统，但它们仍有理由质疑，一家成熟的大公司是否有能力和决心去改变原有的供应链，或创建一种不同于传统合作伙伴网络的架构模式，因为在原有的模式中，这家企业仍可以掌控一切。

正如我们在第一章中提到的，当福特推出它的"交通蓝图"时，公司打算开发一个由不同合作伙伴组成的生态系统，进而重建汽车工业。[1] 福特很快与汽车分时租赁商 Zipcar 建立了合作关系，成为 Zipcar 最大的汽车供应商，其次是与麻省理工学院和斯坦福大学等学府建立了研究合作关系。此后，福特与叫车公司来福车合作开发了自动驾驶汽车，并与达美乐合作开展了自动比萨外卖业务。同时，福特也寻求收购：向自动驾驶技术激光雷达的制造商 Velodyne 投资 7500万美元；收购机器学习和计算机视觉公司 SAIP；投资机器视觉公司尼尔伯格神经科学（Nirenberg Neuroscience），以及一家位于硅谷的3D 制图公司。然后，2018 年 1 月，福特宣布将与硅谷的 Autonomic 公司合作，建立一个名为"交通移动云"的新的开放平台，帮助城市发展基础设施通信，包括能够连接交通灯和停车位。[2] 当月晚些时候，福特还透露其正在收购合作伙伴 Autonomic 和另一家运输软件公司 TransLoc。福特解释说，它将重组交通子公司，加速新产品的交付，如微型交通服务和自动驾驶汽车。在构建一个生态系统和整合福特内部的合作伙伴之间的反复权衡表明，对于一个大型组织来说，构建一个生态系统具有极大的挑战性。

  第十章中，我们将探讨生态系统领导者的收购和内部投资会以何种形式帮助它们达成愿景。有一点需要注意：在启动一个生态系统的初期，关键是要让潜在合作伙伴相信，你对发展一个广泛而深入的合作关系网络是严肃认真的，参与者之间要展开真正的合作。在不同合作伙伴平台之间摇摆不定，以及表现出更倾向于收购而非合作的信号，可能会让情况变糟。合作伙伴会担心你是否真的想要建立一个生态系统，协作创新，联合学习，适应快速变化的市场，且在不确定的环境下保持灵活。它们甚至可能会怀疑，当你在对催化一个新的生态系统高谈阔论时，习惯的力量仍会让你开发出一个实质上的供应商网络，在这种传统网络中你确定每位合作伙伴的角色和交付的成果，控制通信和创造的专利，开放、利润、效益都将名存实亡……面对这些风险，大多数公司更倾向于选择加强自己的控制力以及更可预测的结构,那么你如何以可信的姿态来开启一个生态系统?我们提出六个步骤,概述如下。

证明对生态系统的信仰

在第三章中我们简要提到了汤森路透的案例。这个案例很好地诠释了企业如何证明其致力于启动生态系统,从而在新兴的金融科技行业展开创新。这一经验所具有的指导意义在于,汤森路透最初并不是要规划、建立一个生态系统,只是在经历失败之后,才说服潜在合作伙伴认真地考虑采用新方法来促进生态系统的增长。

2008年,汤森集团与路透社合并,成为全球最大的新闻和金融信息公司。该公司当年的营收达到120亿美元,并在收购的推动下继续增长。收入在2012年达到顶峰的131亿美元,之后开始逐年下降,到2015年降至122亿美元。[3] 2016年7月,汤森路透出售了其科学和知识产权业务,从而可以专注于核心领域——金融、风险、税务、会计、法律和路透社的信息服务。[4] 其主要竞争对手是其他新闻搜集公司和商业信息与情报供应商,例如,彭博社和道琼斯。

2011年,为了与彭博社的终端产品竞争,汤森路透推出了Eikon以取代公司原有的桌面产品。彭博社的终端产品在全球市场已无所不在。与该产品一样,Eikon也为投资专业人士提供市场数据、金融信息、分析和信息传递工具。不过,尽管汤森路透努力开展营销,彭博社仍是当时市场的领跑者。截至2013年底,彭博社拥有31.5万用户,占据57%的市场份额,而Eikon只有19万用户,占市场份额的34%。[5] 其市场份额之所以如此令人失望,部分要归因于其收购举措。

汤森路透的领导层认为，缺乏创新是公司赢得市场份额的一大障碍。为解决这个问题，汤森路透采取了几个步骤，比如将资金从收购转向创新，建立新的绩效指标，以及为"公司内的创业者"开辟分享创意的途径。但彭博社仍然稳步领先，2015年通过终端和数据传输产生了88亿美元的收入，超过汤森路透的65亿美元。[6]很明显，汤森路透无法实现成为市场领导者的雄心壮志，其传统的创新方式太慢，永远无法击败竞争对手。

这段痛苦的经历促使汤森路透留意并关注全球趋势，其中之一就是金融科技的崛起。金融科技预示着诞生新的商业模式，甚至将形成一个全新的行业，这个过程中所需要的能力和知识将远远超出汤森路透在内部所能获得的。于是，汤森路透逐步相信，与外部合作伙伴的伙伴关系将是推动创新的核心，特别是在法规监管、商业运作和科学技术学科交汇的领域。

由Eikon提供服务的桌面产品市场，是汤森路透寻求利用第三方合作关系为客户创造新价值的核心领域之一。早在2012年，彭博社就创建了一个开放的应用程序门户，让第三方应用程序可以通过其终端接入。

为了迎头赶上，同时启动自己的应用生态系统，汤森路透在2015年底推出了Eikon应用程序工作室。这一切都是为了创新。正如该公司桌面平台全球主管阿尔伯特·洛科解释的那样："当你想到金融技术，通常来说，它是非常封闭而狭隘的，这在某种程度上抑制了创新。"[7]但是，作为第一个后来者，尤其是尝试过单独行动的后来者，汤森路透必须让潜在的合作伙伴相信，它现在正认真促进生态系统的发展。这不是一个轻松的任务。怎么才能让合作伙伴相信汤森路透真的要建立一个生态系统呢？如何才能降低合作伙伴加入的门槛呢？

汤森路透采取了四管齐下的方式应对这项挑战。

第一，公司的宣传部门反复强调，应用程序工作室让合作伙伴将它们的软件深入集成到 Eikon 产品中并获得收益。其中所传递的信息是："Eikon 的第三方开发套件——应用程序工作室，使客户和供应商可以将各自的应用程序、内容和工作流程嵌入汤森路透的 Eikon，从而创建一个整合后的端到端解决方案。这种开放的方法使最终用户可以直接运用汤森路透 Eikon 中内置的，由全球第三方开发商创建的金融应用程序。"[8]

第二，汤森路透开放了自己的开发系统，提供软件开发工具包和应用程序编程接口（API），这使得合作伙伴可以轻松加入其生态系统，直接链接，交付与 Eikon 相似的用户体验。

第三，为了进一步提高自己的可信度，汤森路透于 2014 年加入总部位于伦敦的非营利性组织"开放数据倡议"（ODI）。顾名思义，ODI 致力于促进更开放的数据交互，使得任何人都可以访问、使用和共享数据。汤森路透和 ODI 在 2015 年和 2016 年联合发布了一系列白皮书，定义了有关数据标识符和数据管理方法的最佳实践和流程，使数据"突破组织内部和组织之间存在的众多信息孤岛"。汤森路透和 ODI 认为，数据应该"在默认情况下都是可以共享的"。换句话说，数据的结构和管理方式应该以促进可访问性和互操作性为目的，从而最大限度地发挥数据的价值。它们认为，开放和共享的数据将更有价值，而限制数据共享的挑战来自文化而非技术因素。只有"每个人都坚持协作和数据复用的立场"，才能充分释放数据的价值。[9] 即使是共享那些以前从未在组织外部交流过的数据也能为组织带来利益，通过与其他形式的数据相结合，可以让组织（或其中的个体）在更宏观的背景下洞察这些信息。[10]

第四，汤森路透向潜在合作伙伴强调公司在开发开放生态系统方面的过往记录，并引用了与斯坦福大学法律信息中心、联邦法院记录员、第三方数据供应商和律师事务所的成功合作经验（见第三章）。[11]

汤森路透最初曾试图自行推出 Eikon，但以失败告终。当公司开放自己的开发系统，提供合作伙伴轻松连接的工具，并加入 ODI 之类的网络时，潜在的合作伙伴才相信它是认真地在建立一个生态系统，从而愿意加入。

对于任何想要开发生态系统的公司来说，汤森路透的经验教训很有借鉴意义：仅仅宣布打算建立生态系统是不够的。作为生态系统的领导者，你必须做出可信的承诺，不仅要携手合作伙伴，还要接受生态系统可能以你无法控制的方式演进。你想要建立一个生态系统的主张必须得到切实的承诺的支持，分享你的一些知识和能力，创造合作伙伴需要的工具，致力于实现共同的，即使仍不确定的目标。

正如我们已经观察到的，合作伙伴在确信大型公司会认真开发充满活力和灵活的生态系统之前，往往会要求它们给出十足的诚意，因为这些大型、老牌的企业通常都有严格管控自身供应链的历史。为增强自己的控制力度，它们通常会尝试通过与潜在合作伙伴缔约同盟，或者索性收购合作伙伴，而不是与它们开放合作来建立和运行生态系统。较小的公司通常更容易树立生态系统计划的信誉。例如，在 21 世纪初，当 ARM 和阿里巴巴还是相对较新的初创企业时，它们缺乏资源，这使得它们更容易说服合作伙伴，让合作伙伴接受生态系统的概念，虽然它们也难以完全控制生态系统。但初创企业的风险在于，随着它们的成长，这些企业的领导者可能会觉得自己已经很强大，甚至变得傲慢，开始相信原先的合作伙伴在未来的计划中是无足轻重的。

初始的合作对象

一个生态系统要想成功启动并创造新的价值，就需要找到最初的合作对象，即初始客户。在生态系统建立之前，找到这些初始客户是生态系统领导者面临的当务之急。

我们认为可以采取两种方法。一是主动走出去，寻找潜在的初始客户，与这位客户共同投资，让生态系统运转起来。二是创建一个"蜜罐"，即勾勒宏伟蓝图，从而吸引大量客户进入这个生态系统。

寻找初始客户

第一种方法的示例可以参考ARM开发的生态系统，旨在将其设计应用扩展到磁盘驱动器等大容量存储设备上。20世纪90年代末，ARM围绕其手机RISC处理器的设计建立了一个庞大而充满活力的生态系统。

它希望能在其他领域复制这种成功，这是进入未知领域的尝试。正如当时ARM的一位产品经理利亚姆·古吉所说："我们列出所能想到的每块细分市场，但大容量存储的需求在当时尚未出现。我们对该领域一无所知，甚至不知道谁是市场上最大的玩家，但我们将所有可以找到的信息拼凑在一起，把认为有价值的归为一类。当时，信息量对ARM至关重要。"[12]

鉴于磁盘驱动器的产品开发周期为 9 个月，ARM 乐观地认为，选择初始客户，与之合作，启动并运行新的生态系统大约需要 18 个月。碰巧的是，古吉当时得知，ARM 在美国办公室的一位驻场应用工程师收到了总部位于加州的昆腾公司的问询。昆腾是全球第二大独立磁盘驱动器制造商。借着联系对方的契机，古吉和一位同事向昆腾公司介绍了 ARM 的技术和计划。虽然昆腾看上去对 ARM 很感兴趣，算是让 ARM 进入候选名单，但最终昆腾仍然选择了一家日本的竞争对手。固执的古吉搬到美国，开始联系"所有与大容量存储有关的现有合作伙伴"。经过六个月的努力建立商业关系，用古吉的话说，"向它们展示我们的勇气和前进的道路"，凌云逻辑半导体公司（Cirrus Logic）对这个创意表现出了兴趣。不过，凌云是一家芯片供应商，而 ARM 需要将生态系统打造成基础的知识，却藏在磁盘驱动器制造商中，如西部数据、希捷科技和朗讯科技这样的公司都是 ARM 客户的客户。

幸运的是，凌云与西部数据有紧密的联系。古吉得以在两个月的时间内频频拜访它们，时常得到约翰·雷菲尔德的接待，雷菲尔德后来还担任了 ARM 的研究总监。当西部数据公司同意评估 ARM 为其一款新磁盘驱动器提供的 ARM7 时，古吉认为 ARM 已经取得突破。然而，当西部数据公司带回 ARM 在评估矩阵上的得分时，其希望又破灭了。西部数据认识到 ARM 的设计具有优势，但同时也指出了 ARM7 的一些关键缺陷，这些缺陷会降低磁盘驱动器的速度，并使西部数据的产品开发过程变得过于复杂。

古吉与雷菲尔德仍不准备放弃他们为大容量存储设备建立一个全新生态系统的梦想。在一名于西部数据工作的朋友帮助下，古吉安排西部数据高管与ARM当时的首席执行官罗宾·萨克斯比会面。在这次会面上,萨克斯比开诚布公地表示:"我希望与你们建立伙伴关系,我该怎么办?"听到有关ARM7的顾虑后,萨克斯比表示:"好的,我们一定会解决它。"ARM最终还是输给了另一家半导体公司,但据古吉回忆,ARM仍取得了两项关键进展:确切地从客户那里听到了它们的需求,并且向凌云逻辑半导体公司展示了其致力于建立新的生态系统的决心。古吉补充道:"我们向凌云展现出采取行动的决心,以至于我们会在周日的午夜在实验室挑灯夜战,解决它提出的问题。"

雷菲尔德决定开始着手解决ARM潜在的初始客户指出的两项关键技术问题。回到剑桥后,他开始重新审视ARM积累的知识。为了创建一个新的生态系统,他还试图弄清楚如何将ARM的性能扩大到凌云逻辑半导体公司需求之外,满足更广泛的应用程序以及其他潜在合作伙伴和客户的需求。他尽可能广泛地收集各种想法,包括以色列的一家小型科技公司和新西兰的合作方正在进行的研究。最后,ARM准备向凌云和另一位OEM客户——朗讯提出一项方案。

这一次,凌云和朗讯同意加入ARM的计划,启动一个新的生态系统。三驾马车发布了一份新闻稿,宣布它们的合作目标是创造一种新的设计——ARM9E。雷菲尔德回忆起接下来发生的事情:"当这件事被媒体报道时,引起了很多人的兴趣。朗讯为此动员了其整个营销部门。这使得ARM在剑桥的(技术)人员顿时沸腾了。平静之后,他们立刻着手做这件事。我们称之为根据新闻稿开展产品开发。"当萨克斯比接到朗讯的电话,祝贺他启动ARM9E计划时,他回复朗讯:"我们很高兴你们喜欢这个项目。"同时他给雷菲尔德发电子邮件问道："约翰，你能告诉我什么是 9E 吗？"[13]

自从西部数据公司的第一次头脑风暴会议以来，这已经过去 18 个月，目前为止，没有人知道这次的设计会是什么样子。但是随着事情的发展，合作伙伴聚在一起，并整合它们的知识，这个问题的答案就慢慢浮现出来。与此同时，生态系统的初始客户已经到位，这对于实现螺旋式增长至关重要。

批量吸引客户

第二种吸引目标客户的方法是建立"蜜罐"。当需要大量客户推动生态系统运转时，该方法可能更加可行。阿里巴巴通过旗下蚂蚁金服着手打造全新的金融服务生态系统的经验，为我们生动诠释了如何快速吸引一大群客户。阿里巴巴以蚂蚁财富 App（应用程序）的形式，打造了一块强力的磁石来吸引中国消费者。这是一个一站式门户网站，旨在吸引中国庞大的消费者群体，这些消费者以往在资金管理和投资方面的选择有限。通过蚂蚁金服与 Fund123.cn 的合作，该 App 为 80 多家银行、资产管理公司和中国共同基金公司提供 900 多种金融产品。阿里巴巴确保这些基金最初是免费出售的，这样用户就不必为他们的投资支付销售佣金。蚂蚁财富 App 还通过为深圳、上海、香港和美国纳斯达克交易所提供免费股票市场信息来吸引客户。

理想的初始客户

以下四种类型的初始客户是最为理想的（见表 4-1）。

表 4-1 理想的初始客户

> 初始客户的需求是市场上现有的解决方案无法满足的。
> 它们愿意投入时间和资源,共同开发创新的解决方案。
> 它们愿意相信,一旦创新启动,将带来可观的销量。
> 它们应该认识到,如果在一开始就设置排他性,只能在被他人迎头赶上前留下短暂的时间窗口,成功的关键在于持续下一项创新。

1. 初始客户的需求是市场上现有的解决方案无法满足的。如果客户能够以合理的价格购买到适合的方案,它们为什么要加入你的生态系统呢?正如我们所见,凌云和朗讯需要的芯片设计能够帮助它们的设备运行得更快,开发者也更易使用。它们在市场上找不到合适的解决方案,所以一旦相信 ARM 的承诺和能力,就愿意加入 ARM 的生态系统。

2. 真正的初始客户必须愿意投入时间和资源,共同开发创新的解决方案。在我们的例子中,所有的初始客户都愿意分享自己的知识和能力,以推动建立一个能够满足它们需求的生态系统。他们也需要有丰富的资源来实现这一点,即投入时间、精力,有时还包括资金。

3. 如果初始客户能够在生态系统中有可观的购买量,这也是一种优势。以 ARM9E 为例,凌云和朗讯都是有潜力购买大量芯片的跨国公司。在蚂蚁金服,生态系统快速扩张的潜力基于这样一个前提:被这项业务吸引的初始客户有数百万人。

4. 初始客户身上应该有一项重要品质:认识到生态系统不会只服务他们。如果要求排他性,生态系统的增长和发展将受到限制——初始客户希望将创新带来的利益都留给自己。在 B2B

领域,这意味着初始客户需要接受,随着生态系统的扩展,利益将被人们分享,但它们可以通过领先地位来保持竞争力,维护在生态系统中创新者的角色。对于消费类产品的企业,重要的是生态系统将会创造人们口中的"爆款产品",让所有客户都能享受好处,而不会影响任何参与者从中获利。最好的情况是,随着生态系统的扩展,所有的消费者将受益于更多的选择和更快速的创新迭代。

制定与分享生态系统的初始路线图

展望新生态系统和初始合作伙伴创造的价值,接着是向现在和潜在的合作伙伴传递清晰的路线图,让它们了解应该如何加以适应,对此做出贡献,并从中受益。这就要求你为生态系统的未来发展制定最初的路线图,而且由于生态系统将随着发展而变化,因此初始路线图不能过于规范详尽,必须适应不断变化的需求、持续出现的新机遇,以及过程中不可避免的失误。但假如路线图难以预测,显得过于模糊,合作伙伴将会缺失必要的路标,无法决定发展方向,以及如何投资。因此,生态系统领导者需要从中找到一种平衡,既要避免过于详细而失去合作伙伴计划的弹性,又要传达已经了解的信息,同时为了生态系统的成功,在适当的时候调整方向。

我们来介绍另外一个案例,即罗尔斯·罗伊斯公司新加坡分公司,以此解释路线图的作用。罗尔斯·罗伊斯在新加坡的谢里达建立了英国以外的第一家飞机发动机制造厂。它在培养熟练工人方面的经验很好地诠释了如何在路线图中提供适当的细节。[14]在新加坡,罗尔斯·罗伊斯是在亚洲建立飞机发动机制造工厂的先驱。这意味着当时在新加坡及周边地区没有现成的熟练劳动力。公司管理层认为，最好的解决方案是促进人才发展的生态系统。罗尔斯·罗伊斯的一位高级经理告诉我们：

> 当着手建造这个工厂时，我们将其定位为未来的工厂。在不同区域，操作着相似的设备，其中最大的不同是什么？差别在于人。罗尔斯·罗伊斯需要每年按时生产250个引擎，在创造客户价值的同时满足客户的期望，并控制单位成本。这就需要培养高技能的人才。在英国，你可以很容易雇到一名训练有素的技术人员，因为有很多类似的成熟行业。英国的罗尔斯·罗伊斯拥有非常成熟和经验丰富的员工队伍，你可以在车间里找到拥有30年、40年甚至50年引擎制造工作经验的员工。但我们负担不起将这些人请到新加坡来，那么应该如何培训员工和传递知识呢？[15]

尽管罗尔斯·罗伊斯规模庞大，经验丰富，但它知道自己不可能靠自己的力量培训出所需的大量高级技工，得到当地合作伙伴的协助至关重要。罗尔斯·罗伊斯本可以委托当地机构来做这项工作，但这充其量也只能解决短期内的问题。而罗尔斯·罗伊斯需要的是向航空工程学科的各个领域持续不断地输送合格人才。只有当它能够促进生态系统的发展，充分利用当地机构、合作伙伴和新加坡政府的潜力，并鼓励它们投资于新项目和培训更多技术人才时，才有可能达成这个目标。为此，罗尔斯·罗伊斯需要提供一份路线图，说明这个生态系统将如何在新加坡发展。

罗尔斯·罗伊斯的潜在合作伙伴包括新加坡劳动力发展局（WDA）、全国工会代表大会的e2i（就业和就业能力研究所）、新加坡航空工程公司、新加坡工艺教育学院（ITE）和各种理工学院。罗尔斯·罗伊斯首先制订了一项计划，通过尽量减少每位技术人员负责的任务数量使得培训工作更容易开展，同时确保培训与它要求的质量和标准完全吻合。在谢里达的运营总监田浩对此解释说："我们没有改变实现目标的方式，而只是把目标分成更小的部分。我们重视深度而不是宽度，目的是让技术人员更快地完成培训，得到更多重复的训练，进而更快地提升技能。然后，当他们具备一定的基础能力后，我们便可以拓展他们的技能。"[16]

罗尔斯·罗伊斯制定了一份路线图，包括从新加坡工艺教育学院和理工学院培训和招聘新员工。三年内，罗尔斯·罗伊斯及其合资伙伴将雇用2200多名受过培训的员工，其中85%以上是当地员工。这个过程中需要编写新的课程材料，建立联合实习项目，让学生在教育合作伙伴和罗尔斯·罗伊斯之间流动，让他们在课程外获得实践经验。同时，还需要建立一个与航空工业相关的奖学金基金。罗尔斯·罗伊斯阐述了如何为这些举措做出贡献，包括提供特定行业的教育材料，协助课程开发，提供实习机会，筹集资金。最初的路线图还提出了合作伙伴如何参与以及他们可能获得的利益。

事实证明，分享这一最初的路线图对启动该生态系统非常重要，同时也奠定了罗尔斯·罗伊斯的领导地位：它成为航空航天行业中唯一一家与新加坡工艺教育学院和理工学院有高度合作的公司。罗尔斯·罗伊斯亚太区人力资源主管查姆拉克·昂在2015年指出："70%的新加坡工艺教育学院模块和课程都受到罗尔斯·罗伊斯的影响。我们希望新员工已经具备在谢里达地区工作所需要的理论知识。"[17]在与罗尔斯·罗伊斯的合作下，南洋理工学院甚至设立了航空航天技术的工程学位课程。最终，该公司从所有合作学校中招募了多达2/3的应届毕业生。

回到阿里巴巴的例子。正如我们在第一章中看到的，阿里巴巴在着手创建淘宝生态系统时，为潜在合作伙伴制定了类似的路线图。阿里巴巴确定公司自身不是服务的委托人，而只提供电子商务的流动平台，并收取连接买家和卖家的佣金。为了扩大规模，该平台将尽可能标准化，让合作伙伴在此基础上脱颖而出。

路线图当然会随着生态系统的发展而演变，基于生态系统与生俱来的创新本质，路线图将会是动态演变的。这种演变不仅仅取决于生态系统领导者的意愿，也不会完全由领导者掌控。相反，合作伙伴采取的行动，它们从中学到的内容以及它们之间的互动决定了生态系统的发展方式，而这些事情往往和生态系统的领导者并无直接关联。例如，阿里巴巴发现，当它退出某些项目的活动，让合作伙伴的独立性激发出创造力、创新和灵活性时，生态系统的表现是最活跃和成功的。最初的路线图为合作伙伴提供了框架和必要的路标，从而刺激它们学习、创新并以生态系统发展的方式展开投资。

传达路线图可能并不总是那么容易。因此，重要的是拥有可以同时与初始合作伙伴和潜在新合作伙伴接触的多种沟通平台，其中一些甚至是生态系统的领导者没有意识到的。社交媒体、网络平台和会议在深入广泛地分享路线图方面可以发挥很大作用。

传递加入生态系统的价值

为了吸引合作伙伴遵循已经制定的路线图，生态系统的领导者要能够向潜在合作伙伴传递强有力的价值主张。生态系统的繁荣需要吸引那些关键的合作伙伴，这些合作伙伴的加入也会使它们自己获取更大的成就。

根据我们的经验，生态系统的领导者在确定潜在合作伙伴时通常容易犯错，往往会根据合作伙伴的规模、声誉或在行业中的重要性确定一份合作伙伴名单。这种方法没有区分轻重缓急，属于本末倒置。

生态系统领导者要明确的第一个问题是，为了在生态系统中实现学习、创新和增长的良性循环，应当具备哪些能力。是否要吸引在某些领域有特定能力的合作伙伴，或者有渠道可以交付某些服务的合作伙伴，又或者是能够与之形成互补的合作伙伴？生态系统是否需要具备行业声誉和关系网络的合作伙伴，并以此为生态注入全新的客户群体？是否需要拥有强大市场营销能力的合作伙伴，从而充分释放潜在需求，说服保守的买家？这些问题将帮助生态系统领导者认清启动生态系统所需的关键因素。

列出的能力在开始时很可能是不太完整的，也很难做到百分之百正确。随着生态系统的发展，没有预测到的功能需求将会浮现出来。为了启动生态系统，领导者应该能正确假设出生态系统需要的关键能力。在这个过程中，听取初始客户的意见是个不错的办法。

列出支撑生态系统运转所需的关键能力清单，然后就可以着手寻找适合的合作伙伴了。我们可以根据它们所能填补的生态系统的能力空缺来加以评估。同样需要决定的是用何种方式招募第一批初始合作伙伴：是通过主动瞄准目标，还是用"蜜罐"方式吸引它们加入。这两种方法的前提都需要一个明确的价值主张，即鼓励合作伙伴参与生态系统。当生态系统建立并运行起来，就会吸引更多拥有新技能的合作伙伴。

阿里巴巴的案例向我们展示了如何制作一个"蜜罐"。在启动蚂蚁金服生态系统之初，阿里巴巴的在线支付和第三方托管服务支付宝事实上已经拥有 3.5 亿用户，于是以此作为"蜜罐"来吸引合作伙伴。阿里巴巴本身缺乏金融服务能力，但平均每天有 8000 万笔交易通过支付宝进行。阿里巴巴以活跃的金融用户为主体，建立一个全新的生态系统所能带来的收益是显而易见的。[18] 汤森路透则必须更加努力，才能向其潜在合作伙伴展示加入其金融科技生态系统的价值。它对初始合作伙伴的价值主张是，在得到汤森路透部分知识产权的支持下，成为会员将提升合作伙伴的创新能力。汤森路透还试图透过渠道和品牌效益来说服合作伙伴加入。洛科指出："让应用程序开发人员访问 Eikon 可以促进创新。否则，初创型的企业由于缺乏渠道，难以实现规模化，这些都会阻碍创新。作为 Eikon 的一部分，你可以获得足够丰富的渠道资源。"[19]

达索系统在试图扩展时会积极专注于每个新兴行业中的主要客户。例如，在汽车行业，丰田是领头羊；消费品和零售业务的古驰；制药领域的诺华制药。在早期与这些合作伙伴的接触中，达索系统会描绘出有关合作伙伴的理想特征：行业内领先的公司，在现有市场上没有找到合适的解决方案，愿意花时间和资源进行联合创新，并且认识到相对于其他人可以在生态系统扩大的过程中受益，但这些合作伙伴则会得益于先发优势。

罗尔斯·罗伊斯选择同时使用这两种方法，使其在新加坡的航空发动机生态系统崭露头角。它发挥自己的品牌、领先的技术以及培养技能方面的声誉，作为"蜜罐"吸引新加坡经济发展局等主要政府机构加入。罗尔斯·罗伊斯 BPI（流程改进）、IT 和质量部门的总监特雷弗·奥曼表示："政府将罗尔斯·罗伊斯强大的实力视为新加坡的重要资产。这不仅是品牌因素，还包括产品方面的考虑。我们将在新加坡生产最先进的大型航空发动机和零部件，这是我们的旗舰产品。罗尔斯·罗伊斯新加坡分公司不仅承担仓库的功能，也不只是生产制造一些螺母和螺栓之类的小部件，它将会是 Trent 900 和空心钛合金宽弦风扇叶片制造商，这将登上《飞行》杂志的封面，打造新加坡制造的概念。新加坡经济发展局深谙此中的重大利益。"[20] 因此，新加坡的价值主张很明确：引入大量投资，创造全新的高价值工作岗位，提升人力资源以及高科技制造业基地的声誉。

　　得到了政府的支持，罗尔斯·罗伊斯就可以进一步主动瞄准那些有特定能力，具备某些知识的合作伙伴。其中包括新加坡航空公司（SIA）和新航工程公司（SIAEC），以及新加坡工艺教育学院和新加坡理工学院等学术机构。每个合作伙伴都有一项量身定制的价值主张。例如，新加坡航空公司得益于其家门口设有发动机制造厂的优势，这使它在产品开发、快速服务以及其运营和维护的知识交流方面拥有更大的发言权。新航工程公司可开展民航准则领域的技能培训，同时发挥培训中心其他功能获得收入。加入罗尔斯·罗伊斯生态系统后，新加坡工艺教育学院和新加坡理工学院获得了开发新课程，扩大学生规模的机会，也为学生提供了实习机会，更重要的是，这确保毕业生就业。

降低进入门槛

合作伙伴可能完全了解生态系统所带来的价值，并愿意加入，但是加入生态系统的条件可能会成为一项重大障碍。因此，必须找到降低生态系统门槛的方法。

生态系统领导者可以采取多种措施来降低合作伙伴加入生态系统的成本。显而易见，第一步是免收加盟费。成功的生态系统领导者走得更远，它们会开发标准化的接口，不仅在它们自己与合作伙伴之间，而且还促进了生态系统中合作伙伴之间的联系。阿里巴巴有意地设法使加入生态系统变得非常容易，从而成功吸引了许多合作伙伴。例如，当启动淘宝和蚂蚁金服等生态系统时，阿里巴巴使合作伙伴可以借助已经建立的标准数据交换接口轻松加入。这样一来，当买家从淘宝网上下订单时，数据立即与卖家和物流供应商共享。阿里巴巴还旨在通过提供软件工具来使新加入的卖家尽可能轻松地开设淘宝店铺，并且免费运营。

降低进入门槛的另一个案例是增强技术标准的兼容性。正如我们所见，ARM 与 OEM、半导体制造合作伙伴一起调整其 RISC 芯片设计，使合作伙伴的工程师可以更容易地将其集成到各自产品和制造过程中，为其加入新兴的生态系统铺平道路。寻求潜在合作伙伴的帮助也是有用的。汤森路透在世界各地——波士顿、苏黎世、伦敦、开普敦以及安大略省的滑铁卢——开设了实验室，让客户和合作伙伴更容易参与创新生态系统。通过在世界各地建立中心，汤森路透的实验室使得"与客户和合作伙伴携手解决重大问题，并且借助数据科学和精益技术，快速创建原型和验证解决方案"变得容易。[21] 通过降低合作伙伴参与的门槛，同时增强与汤森路透的生态系统的连接，进而推动创新。汤森路透实验室副总裁蒙娜·弗农指出:"我们将世界一流的数据集合与深厚的行业经验融入全球的创新社区,包括世界知名的大学和学术研究中心。"[22]

寻找自带生态系统的合作伙伴

生态系统战略的一项关键优势在于,你有机会发挥来自不同公司的各项专业知识和能力,集中各方精力,实现生态系统领导者提出的共同愿景。但显然,一位生态系统领导者很难在最初就吸引到许多合作伙伴。解决这项难题的一种途径是找到自己合作伙伴的子生态系统,将它们纳入,作为自己初始的合作伙伴组成部分。

例如,罗尔斯·罗伊斯决定与新加坡经济发展局建立合作关系。新加坡经济发展局没有带来具体的技术知识、培训资源或生产能力,合作建立后,它似乎不会在生态系统中扮演重要角色。但在新加坡经济发展中的跨组织角色意味着,经济发展局是启动生态系统的重量级角色,为罗尔斯·罗伊斯与众多合作伙伴的携手打开了大门。这些合作伙伴都是新加坡经济发展局生态系统的一部分,包括新加坡航空公司、各种研究所和理工学院,还有其他许多供应商,这些供应商是让罗尔斯·罗伊斯的航空引擎生态系统崭露头角的关键。就 ARM 而言,它与凌云的合作使 ARM 进入一个子生态系统,其中包括西部数据和朗讯等主要参与者。

同样,蚂蚁金服与 Fund123.cn 的初始合作伙伴关系建立了一个庞大的子生态系统,其中包括许多基金经理。这使蚂蚁金服能够通过一系列货币市场和股票基金启动这个生态系统,潜在客户可以直接投资这些基金。此外,阿里巴巴的淘宝网通过投资于提供实时跟踪数据的系统来吸引物流合作伙伴，提高其效率和服务水平。这些最初的合作伙伴中的每一个都带来了自己的小型生态网络，例如，提供最后一公里的派送服务，使淘宝能够提供高效的上门服务。

吸引能带来子生态系统的初始合作伙伴可以达到事半功倍的效果，这有助于建立一个崭新的生态系统，并使其快速投入运行。

准备开启生态系统了吗

正如在第一章中所讨论的，大多数潜在的生态系统领导者已经具备启动生态系统的一些关键因素。每家公司不仅与直接客户和供应商保持联系，而且与配套产品和服务的供应商、政府、劳动力培训机构，以及许多其他有关方面建立了广泛联系。在探索了推动生态系统发展所需的能力之后，潜在的领导者可以询问哪些现有关系可以进一步发展或重新定位，进而为全新的生态系统提供足够的合作伙伴基数。然后，生态系统的领导者还要回答以下 6 个问题。

1. 如何展示你建立生态系统的决心，让人为之信服；如何避免它看起来像一个伪装，本质上你仍是在建立一个传统的供应链。
2. 初始合作伙伴是生态系统快速启动的关键。不要去寻找最大或最成熟的合作伙伴，这种简单的选择并不是最佳方式。必须清楚地认识到：目前我们最迫切需要哪些能力，理想的初始合作伙伴有哪些特点。
3. 潜在的合作伙伴需要一份关于生态系统将如何发展的初始路线图，以鼓励它们参与生态并加以投资。它们知道，随着生态系统的学习和创新，路线图将随着时间的推移而不断改进。考虑如何设定一些路标，引导合作伙伴了解在此期间它们应该发挥的作用，以及它们需要考虑在哪些地方投资，以使这个生态系统最终能够创造价值和获取价值。

4. 当加入这个生态系统时，潜在的合作伙伴要知道自己的利益所在。你是否清楚地阐述了吸引合作伙伴加入的价值主张。对此是否进行了充分沟通，即便对其中一部分，你或许还不能够确定是否会成为未来的合作伙伴。

5. 你是否投资并明确合作伙伴彼此间的沟通界面，从而减少沟通障碍并降低成本，因为这些可能会阻碍合作伙伴加入你的生态系统。

6. 你是否有办法吸引特定的合作伙伴，让它们带来自己的子生态系统，从而加速你的生态系统的创建和发展。

第五章

让愿景和定位更清晰

一旦生态系统建立并运行起来，生态系统的领导者就需要关注如何迅速扩大规模。其中包括吸引更多的合作伙伴，鼓励它们投资生态系统，促进学习和创新，在保持生态系统的增长与维持所交付的产品服务品质之间达成平衡。因此，生态系统的领导者需要既当啦啦队长，又当协调员，还要担任裁判和教练的角色。

肩负多重职责的领导者能够推动生态系统成长、革新并创造更多价值。如何执行一整套有效的举措来做到这一点？其中要在各项细节中达成谨慎的平衡。生态系统的领导者要制定一个能够适应不同合作伙伴的架构。与此同时，该架构应当足够灵活，避免束缚合作伙伴，阻碍创造力和灵活性。合作伙伴应该在维持生态系统一致性的框架内得到创新和成长空间。

生态系统的初始路线图需要不断调整和完善，同时又不能有太大的不确定性，否则将难以说服合作伙伴进行有助于生态系统繁荣的投资。生态系统的领导者要在合作伙伴之间创造灵动的交互界面，建立信任和知识共享机制，降低交易成本，使生态系统有更强大的生产力。

灵活的结构可以促进学习和创新。

胜任以上这些复杂的工作着实是一项艰巨的任务。但正如我们看到的,成功的生态系统领导者已经实现上述目标。

我们的第一个案例是亚马逊成功扩展亚马逊网络服务的业务。[1]这是一个了不起的故事,讲述了亚马逊如何通过精简自身的IT基础架构,通过完全不同于传统的方案,满足少数初始客户的新兴需求,进而成功建立云端的基础架构服务。我们将在本章介绍该案例,旨在说明亚马逊和亚马逊网络服务是如何制定清晰的愿景和路线图来吸引合作伙伴,解释价值主张并对合作伙伴设定明确的期望,降低进入生态系统的门槛,并且为生态系统创建一个架构,使合作伙伴可以清楚地了解自身所处的位置的。让我们先简单介绍一下亚马逊网络服务是什么。

提供云计算信息技术服务的亚马逊网络服务已经从一个相对不为人所知的部门迅速成长为亚马逊最大的部门之一。这个概念的提出可以追溯到2000年,当时亚马逊想推出一项名为Merchant.com的电子商务服务,帮助塔吉特和玛莎百货等零售商在亚马逊的电子商务引擎上建立在线购物网站。这并不是一项轻松的任务。与许多初创企业一样,当时的亚马逊没有过多考虑IT基础架构的标准化。公司的每条业务线都专注于自己的项目,并没有从标准化或规模化角度加以规划。亚马逊的信息系统最终陷入混乱的局面,很难将各项服务分割开来,更不用说向第三方提供这些服务了。

于是,亚马逊着手展开了规划工作。公司创建了一系列IT服务产品,外部合作伙伴可以通过一组标准化的应用程序接口,由互联网访问这些服务。正如亚马逊网络服务首席执行官安迪·贾西所解释的，这促使亚马逊"追求远大的目标，从而成就了今天的亚马逊网络服务，允许任何组织、公司、开发人员在我们的技术基础架构平台上运行应用程序"。[2] 杰夫·贝佐斯后来补充说："最初我们没有那样的基础架构，于是我们着手在内部构建以满足日常使用。随后我们意识到，'哇，每个想要构建面向网络环境的大规模应用程序的人都应该需要这项服务'。我们计划再多做一点工作，这样就可以让每个人都能得到所需的资源。最终，当成功达到目标时，我们为何不销售这项服务呢？"[3]

2006年8月，亚马逊推出了新的生态系统——弹性计算云（Amazon Elastic Compute Cloud，Amazon EC2），这是一项Web服务，在云端环境中提供规模范围可调整的计算能力。基于初始客户的反馈，亚马逊将弹性计算云与公司的简单存储服务（Amazon Simple Storage Service, Amazon S3）结合在一起，创建了亚马逊网络服务——一个可扩展、低成本，基于云计算模式的基础架构平台。亚马逊网络服务迅速增长。到2008年，其使用的带宽已经超过亚马逊零售业务使用的带宽之和。[4]

一些知名的在线业务逐步开始建立在亚马逊的网络基础架构之上，其中包括视频流媒体公司网飞。其他备受瞩目的客户包括Yelp、Foursquare，以及包括中央情报局在内的美国政府机构。亚马逊网络服务生态系统汇集了数以万计的合作伙伴，其中超过一半位于美国境外。这些合作伙伴分为两种类型：咨询合作伙伴和技术合作伙伴。咨询合作伙伴是帮助客户设计、架构、迁移以及构建亚马逊网络服务上应用程序的专业服务公司；技术合作伙伴则是那些为客户提供软件解决方案、开发工具、管理和安全系统托管集成的公司。[5] 2018年，亚马逊网络服务的生态系统在全球云基础架构服务市场的份额预计超过33%，远高于由微软、IBM（国际商业机器公司）、谷歌领导的生态系统规模总和。[6]

伴随业务的扩展，亚马逊网络服务在集团的财务业绩中的占比蒸蒸日上。2017年，亚马逊网络服务财报的销售额为175亿美元，利润达到43亿美元。实际上，那一年，亚马逊网络服务贡献了亚马逊总利润额的绝大部分。[7]亚马逊网络服务之所以能取得如此优异的业绩，可以归因为其完善的愿景和初始路线图，并以此吸引了大量不同类型的合作伙伴。

完善的愿景和路线图

许多生态系统诞生自特定的地理区域。在我们的案例中，雅典娜健康、阿里巴巴和亚马逊都是如此。区域集中化所带来的优势是，合作伙伴往往拥有共同的文化和商业环境。邻近关系还使合作伙伴之间的沟通更加容易。但是，为了发挥生态系统的全部潜在能力，包括获得更广泛的能力和知识，生态系统需要吸引初始地理范围之外的合作伙伴和客户。亚马逊和阿里巴巴目前都受益于与世界各地合作伙伴互动而获得产品、服务和专业知识。然而，扩大生态系统，吸引分散的、各式各样的合作伙伴和客户同样会带来挑战。随着生态系统的发展和边界的扩大，不确定性和模糊性的风险将会增加。新的参与者将把它们自己的目标和文化带到这个生态系统中。这种多样性增加了合作伙伴投资决策过程中方向不同，甚至目标冲突的风险，从而使得合作伙伴难以理解生态系统中的因果走向。因此，混乱将充斥其中。更严重的是，对生态系统的投资可能被证明无用，甚至是矛盾和破坏性的。

未来的愿景和路线图仍然是生态系统领导者最有效的两个工具，旨在减少上述这种不确定性，吸引客户，帮助合作伙伴成功加入生态系统，并进行正确投资以支持其未来增长。清晰的愿景对于让潜在客户了解生态系统的价值定位至关重要；清晰传达路线图有助于合作伙伴汇聚在统一有序的产品和服务上，这正是客户重视的。

亚马逊从一开始就向亚马逊网络服务的潜在客户提出了明确的价值主张：摆脱耗时、代价高昂的工作任务，以初创企业的速度专注于创新，并降低风险。亚马逊网络服务还支持客户按需购买存储和计算资源，按照实际使用的资源收取费用，从而节省了大量前期的资本支出。部署亚马逊网络服务可以让企业（无论是初创企业，还是成熟的大型企业）把资源投资用于那些使它们能脱颖而出的功能上，而不是花在服务器或数据中心的运营上。

亚马逊还为潜在的合作伙伴描绘了清晰的愿景，使其可以围绕亚马逊网络服务创建生态系统。在旧金山举行的 CloudTech 大会上，安迪·贾西勾勒了他对亚马逊网络服务的合作伙伴网络（APN）的愿景："亚马逊网络服务同时带来了灵活性与丰富的方案组合，为合作伙伴提供一系列服务，从数据库和计算能力到应用服务和管理，支持合作伙伴持续迭代与创新，并且节省成本，保持业务敏捷，进而充分释放云计算的潜力。"[9]亚马逊自己描绘的愿景是"由全球数千名合作伙伴组成的合作伙伴网络，致力于将云计算推向新的高度。APN的目标是通过交付有价值的技术、业务、营销和产品发布，使合作伙伴能够在亚马逊网络服务上成功开展业务"。[10]

在随后的会议上，亚马逊展示了路线图，包括云计算的未来，生态系统中的合作伙伴在新兴市场中的机会，涵盖培训认证领域的合作伙伴计划，以及合作伙伴网络的营销中心（该中心旨在传播亚马逊网络服务与合作伙伴在营销过程中的最佳实践）。[11] 亚马逊展现的愿景是非常清晰且有吸引力的。借助这份符合全球发展大势的综合路线图，大量合作伙伴参与其中，帮助亚马逊网络服务生态系统迅速扩展。2017 年，亚马逊网络服务报告称它已拥有数万名合作伙伴，而且超过 60% 的合作伙伴位于美国境外。[12]

吸引更多合作伙伴

你要制定一个清晰的愿景，明确你的生态系统是什么，为市场交付怎样的产品与服务，在发展过程中有哪些关键目标。这样才能吸引新的合作伙伴的关注，并持续汇聚生态系统的知识和能力。然后，生态系统的领导者需要传递一整套适用于所有合作伙伴的价值主张，勾勒它们未来的宏伟蓝图以及必须履行的各项义务，消除阻碍，使新加入的合作伙伴更容易融入生态系统。

向潜在合作伙伴解释价值主张

对于大多数生态系统来说，吸引大量新的合作伙伴是扩大规模的必经之路。同初始合作伙伴与客户的情况类似，吸引新的合作伙伴需要借助价值主张。同时，价值主张应该足够简明扼要，以便在大范围传播。那些要依靠面对面互动才能详细表达的价值主张，会成为阻碍合作伙伴增长的绊脚石。

亚马逊网络服务生态系统快速增长的一个重要因素是其简明而富有吸引力的价值主张，为合作伙伴带来了以下四个方面的优势。

- 亚马逊网络服务提供工具和资源，帮助公司提高收入。

- 亚马逊网络服务提供定制化的应用程序来支持特定的业务目标。
- 亚马逊网络服务使你的企业在专业领域脱颖而出。
- 亚马逊网络服务平台将把你同现有客户和潜在客户联系起来。

如此诱人的好处自然会使得合作伙伴蜂拥而至，加入亚马逊网络服务的生态系统，例如，仅在2017年就有超过1万家企业加入。仅仅吸引合作伙伴并不是最终目的，它们必须是最合适的合作伙伴，能够为生态系统的成功带来特定能力和经验。因此，生态系统的领导者需要制定激励机制，吸引具有不同能力和知识的合作伙伴，比如提供部分解决方案、运营能力、销售渠道、互补性产品和服务等。它们或为市场开拓新的渠道，或带来新的技术能力，或为领导者提供市场和客户相关的情报。为了吸引适合的合作伙伴，生态系统领导者应该规划现有的生态系统的成长和发展需要哪些能力，并设计一套价值主张，吸引能够填补空缺的合作伙伴。

亚马逊做了哪些工作来确定亚马逊网络服务所需的合作伙伴？它认为应该具备三项关键能力来确保持续发展：软件解决方案、技术咨询与销售支持。第一，亚马逊网络服务需要具备软件解决方案能力的合作伙伴，这些解决方案应该能够增加客户数据的价值，而且能运行并托管在亚马逊网络服务平台上，或与之集成。这包括用于处理安全、大数据分析、移动接口、数字营销或数据存储等特定功能的软件，以及为医疗、制造、物流或政府等特定行业设计的解决方案——这些将由技术合作伙伴提供。第二，它还需要帮助不同规模的客户在亚马逊网络服务上设计、架构、迁移或构建新的应用程序。这些能力将由一系列专业服务和咨询合作伙伴交付。第三，合作伙伴应当带来销售能力，由专门的渠道合作伙伴或专业的服务和技术合作伙伴实现。这些合作伙伴希望在整体打包方案中增加亚马逊网络服务，从而提高自身的收入。

因为生态系统是一种随着发展而逐步进化的动态结构，生态系统的领导者几乎不可能高瞻远瞩，在开始就提出一个完整而精准的清单，列出所有的能力要求，促使生态系统扩大规模。固有的不确定性意味着，生态系统的发展注定是一个周而复始的过程，而且还可能涉及偶然性和不可抗力因素的干扰。因此，我们应该相信，为生态系统描绘一个清晰的起点非常重要，同时考虑到从经验中学习到的知识以及不可预测的干扰因素，还必须保持生态系统的灵活性。这样做还会带来一个额外的优势：针对特定类型合作伙伴的激励措施，可能会吸引原本未曾预期到的合作伙伴，而它们的加入会带来最初没有想到的价值。

明确对合作伙伴的要求，使其各司其职

在吸引新合作伙伴的过程中，生态系统的领导者应该在追求网络的开放性和质量之间达成平衡。假如盲目接纳了太多弱小或缺乏诚意的合作伙伴，这种合作伙伴数量的增长或许只会破坏生态系统。因此，为新加入的合作伙伴设定正确的期望很重要。从一开始，亚马逊网络服务就开诚布公地明确了这一点，在亚马逊网络服务 re:Invent 年度活动的第一天，安迪·贾西对现场的合作伙伴们表示：

> 在现实业务中，我们将把业务导向那些忠诚且真正了解平台的合作伙伴，因为我们的客户希望与了解细节的合作伙伴共事……那些致力于了解平台的细节、广度和深度的合作伙伴将

为我们共同的客户带去最大的帮助。我相信在接下来的几年中，我们将是最成功的一批人，我们将会改变许多竞争领域的游戏规则。[13]

在开发新合作伙伴的过程中可能要引导它们，提高它们对生态系统的贡献水平。亚马逊提供各种营销工具和项目来培养能力，这些可以帮助忠诚的合作伙伴提升技能，获得新客户。在成功完成这些项目并综合考虑收入和用户推荐等其他因素的基础上，合作伙伴可以通过层级提升，从注册合作伙伴到普通合作伙伴，晋升成为高级或顶级合作伙伴。合作伙伴可以选择专注于特定类型的服务或行业的垂直领域，比如大数据或医疗健康。然后，亚马逊会根据客户参考案例、亚马逊网络服务认证、亚马逊对合作伙伴技术准备情况的评估，以及其在亚马逊生态系统中的业务量，来验证合作伙伴在这些特定领域的能力。

这种改进程序和认证的结合并不是亚马逊网络服务独有的。ARM 的"ARM 核准"计划采取了类似的战略：芯片设计者认为该计划旨在建立一种机制，"通过这种机制，可以使我们的生态系统合作伙伴在特定的技术和活动中获得更好的支持。每一个 ARM 核准认可的合作伙伴都经过严格的审计程序，以便让我们可以在其特定领域加以推荐"。[14]

其他生态系统的领导者在成长阶段采取了不同的方法来保证新加入的合作伙伴的水平。例如，阿里巴巴在不收取任何费用的情况下接纳新的合作伙伴加入其生态系统，这有助于生态系统迅速扩大规模。然后，为了激励质量改善、道德行为和良好的服务，阿里巴巴发布信息，帮助客户和合作伙伴评估其他参与者的能力和可靠程度。例如，阿里巴巴网站与中国领先的信用评级公司签约，为被称为诚信通的合作伙伴档案提供数据。诚信通的配置文件显示了供应商的信誉信息，以及使用过阿里巴巴网站的客户提交的数据。在 B2C 领域，阿里巴巴采取了另一种方式来确保生态系统合作伙伴提供的服务质量：它引入了支付宝。在同意购买商品后，客户将向支付宝支付，支付款项将存入一个第三方托管账户。只有在客户通知支付宝已经收到货物并且对货物的质量感到满意后，货款才会发放给卖家。

管理一个生态系统类似于经营一个俱乐部，必须有获得会员资格的门槛，维持会员资格的年费制度，俱乐部内部的竞争，以及明确哪些不当或违规的行为会导致会员被除名。会员和角色可以有不同的级别，有些会员要承担更多的责任，并做出更大的投资来换取某些特权，而准会员的权利和责任则会受到一定的限制。

一方面，至关重要的是要吸引合适的合作伙伴，向它们提供支持，提升它们的能力，并通过奖励那些为生态系统做出贡献的合作伙伴，鼓励奉献精神和追求高标准的行为。另一方面，如果生态系统的领导者把门槛设得太高，就会阻碍生态系统的发展。生态系统的发展必须让符合条件的合作伙伴比较容易加入，而且需要相应机制引导和协助合作伙伴提高质量，以及对生态系统的贡献程度。

降低加入生态系统的门槛

生态系统领导者的另一项工作是取消不必要的生态系统门槛。这是亚马逊生态系统快速扩展的重要因素。贝佐斯强调了加入亚马逊的过程非常容易："借助我们的服务，你只需要阅读文档便可启动工作。"贝佐斯还强调一点："亚马逊提供自助式服务，无须谈判协商或与销售人员接洽，你只需在线了解相关事宜便可开启与我们的合作。"[15]

汤森路透最初是围绕农作物数据建立生态系统的，当想要扩大生态系统规模时，它就把重点放在了需要数据的农民，让他们更容易加入这个生态系统。在创造价值的过程中，公司需要大量种植大豆、小麦和玉米的农民反馈的信息。只有达到一定的使用规模，生态系统才能提供可靠的市场供给和作物质量信息。汤森路透为此开发了一款便于农民下载的简易版移动应用程序。应用界面让农民能够上传有关他们种植面积的数据，并定期更新作物状况、可能的收获日期和产量。作为交换，农民则获得了总体信息和趋势分析，以及天气预报、全球供应预测和其他市场数据。随着生态系统规模扩大，创造价值的新机会出现了。一旦汤森路透有了足够多的观察数据，可以按地区提供数据，就可以帮助农民预测当地的粮食过剩或短缺，以及在运输和储存能力方面可能面临的压力。

但是，仅仅吸引合适的合作伙伴，帮助它们做好准备并降低它们加入的门槛仍是不够的。生态系统的领导者还需要勾勒生态系统的外形和结构，形成强化的网络层级结构，并帮助潜在的合作伙伴在生态系统中做出自己的贡献。事实上，一个不适当的架构会成为生态系统管理和创新能力发展的绊脚石。[16]

布局可行的结构

生态系统的网络结构可以有多种形式。例如，亚马逊网络服务的系统结构包括一系列基础架构、产品和客户服务，可以支撑各种客户解决方案。

这种堆栈式系统结构的基础是亚马逊网络服务全球基础架构，包含 44 个资源区，每个资源区由一个或多个数据中心组成，每个数据中心配置有冗余的电源、网络，保持互联互通，分布在全球 16 个地区的设施中。资源区的上一层由基础服务构成，即亚马逊网络服务提供的计算、存储、数据库和网络能力。这些服务对应各种不同软件应用以及服务的级别，并被分为五个领域：客户端数据、服务器端数据、网络流量、操作系统与安全，以及应用程序。这些领域可以由一个或多个外部合作伙伴提供服务，每个客户的应用场景通过亚马逊的系统结构，使用标准化接口和协议链接到客户的数据。客户从亚马逊网络服务的应用市场、专业服务、咨询或技术合作伙伴的产品组合中进行购买，或者通过经销商渠道合作伙伴的网络进行采购（见图 5-1）。

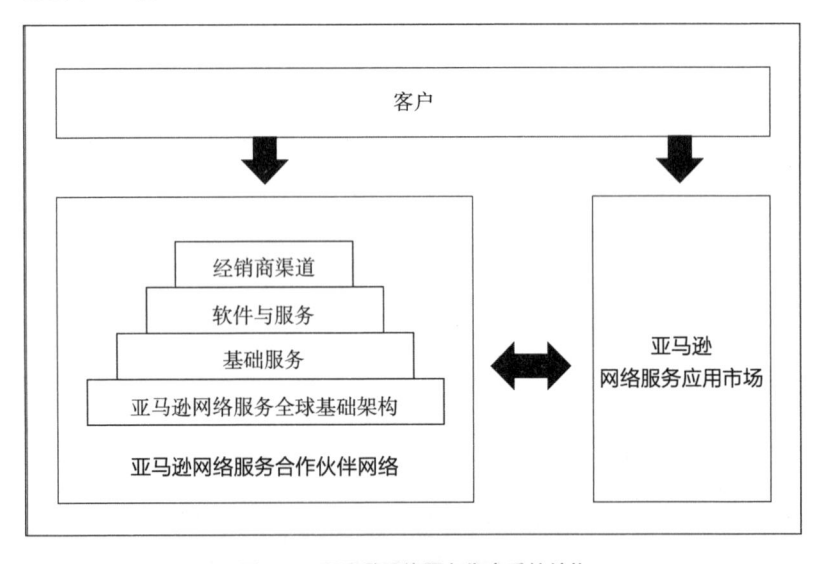

图 5-1 亚马逊网络服务生态系统结构

围绕亚马逊堆栈式系统结构的是其合作伙伴网络，提供业务、技术、营销和上市支持，让合作伙伴更有效地从生态系统中获益。相对应的亚马逊网络服务应用市场是一个在线商店，帮助客户寻找、购买并使用他们需要的软件和服务。访客可以使用应用市场中的一键部署来启动预先配置好的软件，并按小时或月付费。亚马逊网络服务将其市场结构描述为"是对亚马逊合作伙伴网络等项目的补充，是亚马逊网络服务致力于发展强大的软件和解决方案伙伴生态系统的又一例证"。[17]

清晰的系统结构使合作伙伴能够明确自己在生态系统中的定位，帮助客户在生态系统中快速检索、找到它们需要的产品和服务所对应的供应方。这既不是一种中心辐射型的网络（亚马逊网络服务在其中处于中心位置，策划每一步行动），也不是一个集中的联盟（亚马逊网络服务在其中规定每位合作伙伴的角色和交付成果）。在亚马逊网络服务系统结构中，合作伙伴可以自由加入或退出、重新定位自身，以及它们与亚马逊网络服务和其他合作伙伴的关系，客户从中也可以按需组装定制解决方案。

当然，生态系统网络并不只有一种架构。ARM展示了另一种有趣的替代方案。ARM的生态系统架构不是堆栈式的，而是由一系列同心圆构成（见图5-2）。其核心是大约20个战略合作伙伴，这些合作伙伴因其具有足够的市场话语权，或者技术实力，能够影响该行业的技术方向。它们中大多数是类似三星这样的OEM企业，以及台积电这样的芯片制造商。ARM与它们的互动质量对生态系统的成功非常重要，因此ARM指派了一个高级管理团队来经营这种关系。

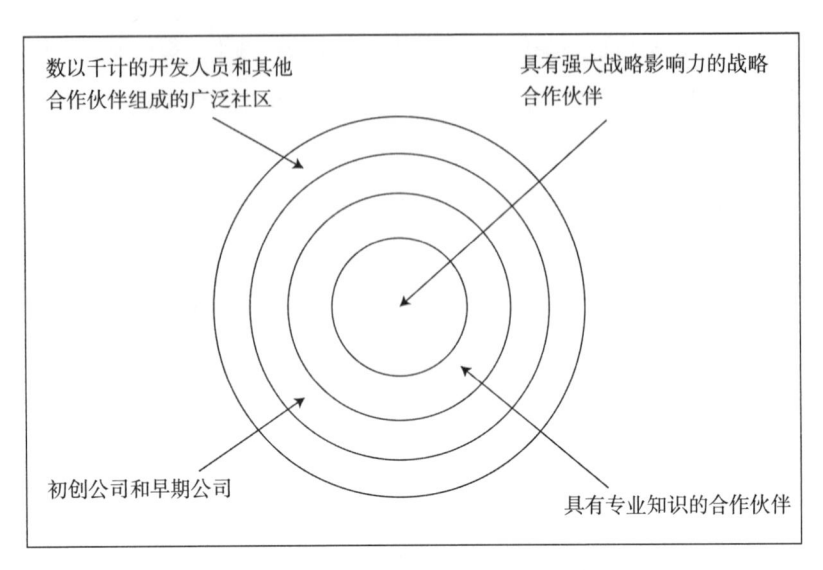

```
数以千计的开发人员和其他                    具有强大战略影响力的战略
合作伙伴组成的广泛社区                      合作伙伴




                    （同心圆图）



    初创公司和早期公司                        具有专业知识的合作伙伴
```

图 5-2　ARM 合作伙伴网络的系统架构

　　ARM 营销团队的成员以超级客户经理的身份与每位合作伙伴协同工作。例如，ARM 手机部门的营销人员负责与三星集团不同部门的所有负责人建立关系，以了解他们对手机的最新需求。同样，ARM 的销售团队也直接与三星的半导体部门进行交易，并与公司内部的其他部门发展关系，因为这可能会影响 ARM 技术在未来芯片中的地位。

　　ARM 生态系统中的第二个同心圆由对行业未来影响较小的 OEM 商，以及从事设计和软件开发的合作伙伴组成，它们所提供的产品和服务是开发基于 ARM 知识产权的新产品所必需的。其中有专攻电子设计自动化（EDA）工具的合作伙伴。这些合作关系确保了 ARM 的技术与 OEM 或芯片制造合作伙伴可能采用的任何设计选项相兼容。与这些合作伙伴的协作缩短了工程师培训、熟悉新工具的过程，并且还为采用 ARM 技术的用户减少了产品上市时间。与软件供应商的其他合作伙伴关系确保 ARM 的设计与一系列操作系统和应用环境兼容。这些合作伙伴被置于 ARM 生态系统的第二个环中，因为它们与生态系统其他部分之间需要交换的知识不会过于复杂，并且实践证明，更简单的接口是有效的。

第三圈是那些刚加入的合作伙伴和初创公司，它们与生态系统有着轻度的接触和交互，ARM 专注于提供必要的工具和其他支持，方便它们将 ARM 的技术集成到产品中。这些合作伙伴的主要目标是建立新的产品原型，推动生态系统不断创新。

ARM 生态系统架构的最后一环是数以万计的开发者和其他类型的参与者组成的广泛社区。它们与生态系统的联系是由 ARM Connected Community 网站促成的。这个在线社区由一位特定的 ARM 高管管理，为开发者提供大量免费资源。针对开发者和工程师的论坛可以交流观点，分享心得，并得到 ARM 生态系统的支持，社区还提供按产品类别、市场应用和 ARM 技术分类的公司和产品列表，所有这些都会链接到各个合作伙伴的网站。

没有一种架构适合于所有生态系统。合理的系统结构将随着每个生态系统的具体需求而有所差异。[18] 架构应该反映生态系统在交付价值过程中的技术挑战与复杂度。[19] 作为基本原则，生态系统的领导者应该致力于推动一个生态系统架构的完善，整合多个细分市场，并在每个细分市场中对客户价值做出不同的贡献，同时在互动过程中产生新知识或额外需求，形成良性循环。当然，每个所谓的"细分市场"可能在市场规模和收入数量方面都很大，也可能包含许多合作伙伴。通过鼓励竞争对手来提高效率或推动创新，每个细分市场中的竞争也会为生态系统带来利益。

亚马逊网络服务系统结构在经销、咨询、技术、基础架构等方面定义了这些细分市场。重要的是，亚马逊在生态系统中明确了在各个领域中，具有不同类型能力的合作伙伴如何得到繁荣发展。当客户需要购买一组捆绑解决方案时，亚马逊网络服务案例中所描述的堆栈式系统结构往往是最合适的，该解决方案由各种合作伙伴所提供的许多不同组件构成。系统结构提供了一个清晰的菜单，帮助客户选择他们所需要的。他们可以"像搭乐高积木一样"组装解决方案，或者选择一家供应商将不同合作伙伴的产品完美地组合在一起，满足个性化需求。亚马逊还可以帮助合作伙伴决定在哪些领域开展工作，以及如何与其他能力互补的伙伴进行最佳合作。

当生态系统的领导者需要以不同的方式与合作伙伴进行互动（可能与某些合作伙伴的互动比其他合作伙伴更紧密），从而实现必要的知识共享和共同创新时，ARM案例所展示的同心圆架构往往能够很好地发挥作用。确定几个战略合作伙伴的内环，在这些伙伴之间需要持续不间断地交流知识，生态系统的领导者可以专注于为这个团队所需要的"高密度接触"沟通创建渠道。与此同时，外环的结构，需要经过编码的知识和预先包装的信息，从而能够与更多的合作伙伴交换，使用更具成本效益的通信技术。同样，该架构还可以帮助合作伙伴决定在哪里发挥作用，以及如何最好地参与其中。

站在生态系统领导者的角度看，选择哪一种架构要基于两个重要的因素。首先，应该避免生态系统参与者在细分市场的重叠，这是一条基本规则。因为假如出现这种情况，参与者彼此的合作界面将变得模糊不清，进而产生不确定性，甚至一方被另一方取代。生态系统领导者的目标是从架构层面让各参与者的价值创造活动区分开。这种明确性是有效的生态系统的先决条件。[20]

此外，要使得生态系统具备可扩展性，领导者应当展现出完整的细分市场的全貌，并确保生态系统具备向客户提供价值的所有能力。这似乎是显而易见的，但在实践中却很容易被忽略。例如，在网络效应为特征的业务中，只有当大量用户采用同一项技术，所有用户才会从中受益。这时，创造足够大的市场便是价值实现的关键步骤。但由于该步骤不直接交付用户所需的产品或服务，生态系统很容易忽略要去引入具备这项关键能力的合作伙伴。亚马逊网络服务巧妙地避开了这个陷阱，通过融合不同的合作伙伴，甚至是那些仅仅提供某项特定技术或软件的合作伙伴，亚马逊网络服务都能提升市场对云计算的认识，进而促进其销售。

保护合作伙伴的领地

设计一种系统结构，为不同的合作伙伴开启具有吸引力的细分市场，进而为生态系统的功能和增长做出贡献，生态系统的领导者必须避免侵入合作伙伴的专业领域或业务。"攻城略地"必定会破坏领导者的信誉，阻碍生态系统的发展。假如潜在的合作伙伴有理由担心，自己建立的一个成功的业务会被生态系统领导者抢走，那么它们很有可能会被吓得逃之夭夭。

生态系统的领导者还要在生态系统的成长和短期利润之间维持平衡。例如，研究人员高尔和亨德森描述了英特尔在这方面采取的策略。英特尔采取的策略是原则上不侵犯合作伙伴的市场，但这并不妨碍它进入其价值主张中的核心市场，即使面临破坏与合作伙伴关系的风险，英特尔也我行我素。[21] 可以说，这限制了英特尔扩展生态系统的能力。

随着生态系统的发展，亚马逊重新考虑了网络增长与企业利润之间的平衡。在向第三方开放其 Amazon.com 电子商务平台，并通过其"亚马逊物流配送"服务提供存储、运输、付款和客户服务来支持它们之后，许多零售商开始担心，一旦尝到甜头，亚马逊是否就会进入它们所在的细分市场，并利用自身规模和价格优势来攫取市场份额。这种顾虑削弱了亚马逊及其零售商合作伙伴之间的信任。[22] 亚马逊现在必须谨慎从事，尽量避免产生此类冲突。亚马逊认识到，吸引新零售商所获得的收益远远超过直接销售。亚马逊网络服务同样应牢记这一教训：即使网飞与亚马逊的视频流服务竞争，它也可以为网飞提供托管和网络服务功能。

ARM 很早就知道，它必须防患于未然，避免合作伙伴对此心存芥蒂。当 ARM 越来越多地与 OEM 商直接对话时，ARM 的半导体客户不会心甘情愿被晾在一边。有些人担心，加入 ARM 的生态系统最终会使他们的产品变成标准化的大众商品，丧失了阻止客户转向其他产品的壁垒，进而削弱对价格的控制。尽管存在这些风险，许多半导体公司仍意识到，如果参与这种生态系统的合作，而不是仅靠一己之力，它们会有更大机会从 OEM 商那里赢得业务。尽管 ARM 是一个庞大而完善的生态系统的领导者，但它仍然认真对待合作伙伴的这些担忧。

为了让生态系统规模扩大，生态系统的领导者有时不得不让路。回想一下我们在第一章中提到的淘宝退出各项经营活动的例子。淘宝时任总裁张勇对此解释说：

以往，淘宝会组织很多小型的主题促销活动来推动销量，甚至还会在春节期间为红色毛衣举办特别促销活动。随着业务发展，这些新促销活动的数量不断增加，直至每天都会推出三四次新活动。在淘宝规模较小的时候，这部分业务曾占到我们收入的30%。当淘宝的营业额增加时，这些促销活动就显得多余了，只占淘宝总交易额的0.8%或0.5%。这项工作变得非常耗时且复杂，淘宝团队必须逐一寻找相关产品，并与每个卖家分别协商参与。所有这些复杂性占用了淘宝营销人员80%的时间。我们不得不停止这些促销活动，因为我们自己已经形成瓶颈。我们必须明白，在一个生态系统中，有时候做得少反而可以带来指数级增长。[23]

他观察到，某些决定相对容易做出。

很明显，阿里巴巴不应该自己销售产品，但领导者角色的界限并不总是那么容易确定。以软件服务为例，原则上，阿里巴巴知道应该把它们留给合作伙伴，尽管在短期内，阿里巴巴提供这项服务会更容易一些，但这将导致不可持续的复杂性和碎片化工作。阿里巴巴的解决方案是为淘宝的每一位店主提供交易平台和基本的CRM（客户关系管理）系统等基础构件。阿里巴巴很清楚，它不可能只服务单个卖家，也不会在有大量参与者的情况下提供只对一小部分卖家有价值的东西。[24]

随着生态系统的扩大，为合作伙伴腾出空间，在很大程度上符合阿里巴巴的自身利益。曾鸣解释说："如果出现了问题，比如物流方面的问题，阿里巴巴通常是最后一个介入协助的。依靠第三方会好得多，它们能看到通过改进服务来获利的机会。就像政府试图管理市场是一场灾难一样，如果阿里巴巴试图解决一切问题，它只会把系统搞得一团糟。"[25]

刺激合作伙伴的投资

生态系统的增长还取决于合作伙伴的投资，包括对于提升自身和生态系统能力的投资。事实上，生态系统战略的有利之处就是能充分激发合作伙伴投资，由此产生回报。这种收益将会是巨大的。例如，据我们估计，截至2018年，应用开发商已经投资超过4400亿美元，开发了苹果应用商店中的220万款应用。[26] 作为生态系统的领导者，苹果对每个应用的上市收取少量费用，并且根据下载次数收取一定佣金。截至2018年3月，苹果从服务中获得了超过90亿美元的收入，其中大部分来自苹果应用商店。这比上个季度增长31%，并有望在2020年前实现软件和服务营收翻番的目标。[27]

为获得这些收益，生态系统领导者需要鼓励合作伙伴进行投资。生态系统领导者依赖生态系统来实现并交付价值有更深刻的含义：生态系统领导者很难比生态系统更快速成长。因此，生态系统领导者必须成功地推动合作伙伴投资，确保创新的速度跟得上生态系统扩展的预期。

高度的不确定性会妨碍合作伙伴对生态系统投资。正如我们在启动生态系统，吸引初始合作伙伴时所看到的那样，为生态系统的未来演变提供一个清晰的愿景和路线图是至关重要的。这不仅能鼓励合作伙伴开展投资，还会帮助它们做出正确的投资决策。路线图的一个重要作用是减少生态系统在成长过程中所采用的技术不确定性。这在技术日新月异的行业中尤为重要，因为在其中还没有出现某种占主导地位的设计。[28]

共享创新路线图，即使不涉及具体细节，也能让合作伙伴对未来的不可预见性有一定程度的感知，并引导它们持续投资以扩大生态系统的规模。要理解这方面的运作机制，让我们回到达索系统的案例，了解如何通过清晰的路线图鼓励共同投资。事实上，达索生态系统中的许多伙伴关系都是通过一个清晰而共享的技术路线图来加以协调的。该路线图说明了用于计算机辅助设计、虚拟生产和测试、全球协作和社交协作的软件平台将如何发展，其中包含有关达索系统想要探索的新行业、该公司如何满足特定的行业需求、3D发挥的作用、增强型平台的开发时间表等信息。

提供工具和培训项目，这是生态系统领导者鼓励合作伙伴进行投资的另一种方式，同时帮助它们提升自己的能力。在前文，我们已经就亚马逊网络服务的案例描述了支持合作伙伴在生态系统中发挥作用的优势。亚马逊提供了结构合理的工具和程序，可以让合作伙伴轻松投资，提高能力，确保投资方向正确，这些能力的增长与生态系统未来的需求及其带来的机会保持高度的一致性。

亚马逊网络服务通过合作伙伴网络项目中的资源刺激了成千上万的合作伙伴投资开发各自的功能，围绕亚马逊网络服务构建的咨询或技术解决方案，合作伙伴网络提供了一整套项目，让合作伙伴投资并协助它们发展在亚马逊生态系统中的业务，包括在线评估模块。合作伙伴可以用这些模块来评估、提高在业务开发、相关技术和云计算应用程序方面的技能。亚马逊合作伙伴网络还为解决方案、大数据的使用以及专业服务工具提供了面对面的培训机会。这些投资有助于亚马逊网络服务生态系统向客户提供更多价值，吸引更多买家，进而使其持续发展，增加收入。

帮助生态系统合作伙伴开展方便且正确的投资，这有助于亚马逊避免来自标准化商品的威胁。鉴于来自IBM和谷歌等强大对手的竞争，这确实会直接冲击亚马逊云计算的业务：迫使亚马逊在销量和价格上展开竞争，进而导致利润率大幅下降。这种情况仍有可能发生，但迄今为止，亚马逊一直在努力保持领先于竞争对手的地位，这在一定程度上归功于其在生态系统中通过鼓励合作伙伴的投资提升自己竞争水平的战略，通过合作伙伴在亚马逊网络服务基础架构上构建的产品和服务，为这一生态系统增添了更多价值。

很显然，亚马逊网络服务对合作伙伴的投资是分外认真的。安迪·贾西在第一届亚马逊网络服务年度合作伙伴会议上说："事实上，我们将把业务引向那些坚定的合作伙伴。"言下之意是，那些没有对生态系统进行有效投资的合作者不会得到太多潜在客户。因此，为了刺激合作伙伴投资，生态系统需要发展和繁荣，领导者可能需要交替使用胡萝卜加大棒的手段。

生态系统领导者鼓励合作伙伴所做的投资不能仅限于培训支出。为了使生态系统能够扩大规模，它需要从重塑基础架构到再造产品和服务的方方面面投入资金。要刺激这些投资，就需要找到合适的合作伙伴，调整激励，鼓励他们展开投资，有时甚至还要自己在投资方面做出补充。

阿里巴巴在发展农村淘宝生态系统方面的经验表明，上述这些是可以实现的。从2014年首次公开募股开始，将电子商务扩展到中国农村地区成为阿里巴巴宣布的三大战略之一（另外两项分别为全球化与大数据）。中国农村地区为电子商务的发展提供了巨大的市场，很大程度上属于尚未开垦的处女地。大约 6 亿中国人居住在农村地区，这意味着巨大的购买力，以及差异化的客户需求。但是，农村大多数地区的零售选择有限，而且假冒产品盛行。不到 1/3 的农村居民接入了互联网。2015 年第一季度，阿里巴巴集团零售市场上的网购商品中，只有不到 10% 被运往农村地区。电子商务渗透率低，即使在那些有互联网接入的地区也同样如此。这在很大程度上归因于针对农村客户的营销举措有限，以及缺乏接地气的销售战略。

催化新生态系统的增长用以服务 6 亿人口的潜在市场，这是一项巨大的挑战。即便是一家拥有雄厚财务实力的公司，假如缺乏合作伙伴的投资，也不可能仅凭一己之力做到这一点。为了启动这个项目，阿里巴巴必须进行大量的种子投资。2014 年 10 月，淘宝宣布将在未来三到五年内投资 100 亿元人民币，在中国各地建设 1000 个县级淘宝农村运营中心，以及 10 万个村级淘宝农村服务中心。这些电子商务的前哨基地将为村民提供便利，使他们能够从阿里巴巴集团的在线市场购买商品，并最终开启在线业务。这些中心将提供硬件、电子商务培训、技术支持以及关于线上促销的信息。除了为在线购买和销售产品提供便利，它们还将为偏远村庄居民开通一系列日常活动的渠道，如支付水电费、充话费、预订出行交通等。

机会似乎很诱人，但要让这些农村业务和服务中心运营起来，需要的投资甚至远远超出阿里巴巴的能力。除了场地、房屋之外，每个中心内还需要一组计算机设备，包括大屏幕显示器和一定的数据运算存储链路。阿里巴巴联系了中国的省、县、村行政部门，并最终发现，促使这些行政部门做出投资的关键点隐藏在中央政府的一份文件中。根据中国国务院的指示,在评估地方政绩时,除了对GDP(国内生产总值)增长的关注外,考核范围已扩大到社会融合和当地人口的幸福指数。为了推动实施这一新的绩效指标,地方政府热情地欢迎这个机会,许多省和县政府在年度预算中加入了共同投资建设当地淘宝服务中心的条款(每个村庄的估计成本为7000至15000美元)。截至2015年底,中国20多个省共设立村级服务中心1.2万多个。此外,在26个省级单位中的598个县市,为1500多位地方政府官员开展了电子商务培训。

阿里巴巴面临的下一个挑战是为这些中心配备训练有素的人员,这和硬件资源一样,是取得成功的重要条件。为此,阿里巴巴建立了一个县级中心网络,培训有兴趣的当地社区人员成为合格的农村合作伙伴。阿里巴巴的目标人群是那些熟悉互联网和网上购物的年轻人,他们正在从城市返乡。农村淘宝合作伙伴位于每个村级服务中心,帮助村民订购和取走他们需要的东西——实物商品、火车票、手机充值等——并处理退货事宜。他们还将在网上销售本地产品,处理送货和收款。合作伙伴的收入主要来自收取上述服务费用。截至2015年12月,中国有5870个农村淘宝合作伙伴,每个人的月收入在300到450美元。更成功的农村淘宝合作伙伴每月最多能赚2500美元。

阿里巴巴还必须应对电子商务生态系统发展中的一些重大制约因素,比如假冒和有质量问题的产品,尤其在食品和饮料方面,比如由明胶制成的"鸡蛋"或含有塑料颗粒的大米。2008年,中国大约有30万婴儿因食用掺入有毒工业化合物三聚氰胺的奶粉而患病,至少6人死亡。[29] 为了应对这项挑战,阿里巴巴说服了包括欧莱雅和巧克力制造商费列罗在内的数十家品牌所有者，在它们生产的每件商品上都贴上了二维码识别标签。阿里巴巴的满天星计划建立了一个这些代码的数据库，并将它们发布到互联网上。当消费者扫描商店产品包装上的二维码时，他们可以查看来自制造商的数据，比如产品的产地。通过这种方式，网上购物者可以验证商品的真伪，如果商品被证明是假货，就可以获得全额退款。

扩大生态系统规模

启动生态系统后，你需要通过引入新的合作伙伴来加以发展，通常需要大量新的合作伙伴。要做到这一点，生态系统的领导者需要提供令人信服的价值主张，从而吸引具备不同能力的合作伙伴，减少不确定性和其他妨碍新进入者的壁垒。这就需要解答以下7个问题。

1. 愿景和路线图是否足够清晰地表达了为客户创造的新价值，并减少那些可能使潜在合作伙伴踌躇不前的不确定性和模糊性？
2. 能够鼓励潜在合作伙伴参与这个生态系统的简单而令人信服的价值主张是什么？
3. 对于开发生态系统需要什么能力和角色，你是否有一个清晰的观点？你有计划吸引初始合作伙伴以外的合作伙伴吗？
4. 你是否清楚新的合作伙伴要加入这个生态系统必须克服哪些障碍？你能减少这些障碍吗？
5. 你能否为生态系统设计一个架构，明确定义合作伙伴可以得到发展壮大的环境？你是否清晰定义了不重叠的创造价值的领域？

6. 你有什么机制来保护合作伙伴做出的贡献，确保你不会侵犯它们的商业活动？
7. 你采取了什么激励措施鼓励你的合作伙伴共同投资这个生态系统？

第六章

建立信任机制，提升协同效率

目前，我们一直在探讨生态系统战略带来的好处。但是在第二章中，我们警告说，一旦识别出机会，并明确相应方案，层级制的组织在创造客户价值方面通常比生态系统更有效。

或许有必要接受一定程度的效率损失，以换取生态系统带来的更多知识创造、创新和灵活性。如果效率降低得太严重，生态系统可能难以负荷而走向崩溃。因此，生态系统带来的价值必须"足够大"，确保其效率降低的程度不会吞没其价值收益。生产力很重要，生态系统的领导者可以在提高生产力方面发挥关键作用。

克服生产力方面的劣势

生态系永远无法变得像垂直整合的公司那样高效，因为将所有活动都放在一个组织架构下，可以让公司最大程度上实现对各项工作和活动的统一协调调度——每一项工作都可以在设计上无缝地与前后项相衔接。价值链中不同阶段的活动可以协同进行，消除造成浪费和低效的瓶颈。垂直整合的价值链最显著的优势就是每个参与者的能力都可以彼此匹配，并且这种所谓的"线性平衡"很容易实现，因为协同工作在一家公司的控制之下。

但是，垂直整合价值链的优化也有一个缺陷：降低了灵活性。一些公司试图通过在内部启用市场化机制来加以协调。内部的市场化机制可以在保持效率的同时实现更大的灵活性，因为公司内部交易很少需要复杂的合同，而这些合同对于防范外部供应商的违约或价格欺诈是必不可少的。全面质量管理、精益管理和六西格玛等改进过程的应用可以确保组织中的所有单位遵守共同的标准。可以建立转移定价系统来管理内部交换。产量波动和产品组合变化的影响可以通过生产计划和供应链管理系统来处理。投资由公司的资本预算程序进行协调。因此，有了适当的结构和流程，垂直整合的公司可以享受低交易成本和高生产率的好处，同时保持相当的灵活性。

但是，垂直整合本质上仍然会限制公司在内部执行中的大部分关键活动。与在公开市场上竞争的外部供应商相比，公司内部各部门的能力、创新和效率可能更低。要解决这些限制，公司已经学会建立与之紧密联动的外部供应商产业链，以实现垂直整合的诸多优势。采购中心的创建可以集成内外部供应商，使得各种类型的采购能集中统一加以协调。[1]

与垂直整合或统一控制的价值链相比，生态系统通常在效率上处于劣势。有鉴于此，生态系统领导者面临的一个关键问题是如何扬长避短，创造出更多知识分享与创新的机会，并通过垂直整合的集团公司或传统供应链难以企及的灵活性应对动荡的市场环境与快速增长的要求。

当阿里巴巴决定从信息门户转型为电子商务网站时，其新兴的生态系统就面临这样的挑战：既创新又非常灵活，但效率却极其低下。对阿里巴巴来说，要确保在买家和卖家之间顺畅、安全地支付是很困难的。中国的信用卡系统尚处于起步阶段。潜在客户担心在线支付的安全性，又由于复杂性以及交易延迟而不愿使用支票和邮政汇票等替代支付方式。

中国物流业的分散性加剧了这些问题，当时该行业由数万家供应商组成。它们的能力薄弱，服务不可靠，覆盖范围也不全面。在送达最终目的地之前，货物可能要经过仓库到村庄漫长的运输链层层转发，其中参与者的素质与能力良莠不齐。事实上，马云曾慨叹，"糟糕的"物流正在拖累中国互联网零售的增长。新生态系统的前景是巨大的，但假如阿里巴巴没有为客户和合作伙伴创建支付宝之类的系统，用以解决交付和支付系统中的低效率问题，那么新生态系统可能永远无法摆脱起步阶段。在其他场景中，该生态系统依赖与华为和海尔等物流领域的合作伙伴建立关系。

解决这类问题以提高效率，减少生态系统生产力的不利因素，同时保护生态系统的利益，这需要达成一种微妙的平衡。过分追求效率会扼杀应对不确定性所需的创造力，并破坏学习和创新过程。因此，我们的目标是提高生态系统的生产力，而不是不惜一切代价试图最大化其效率。生态系统的领导者可以采取一些实际步骤来应对这一挑战。首先，设计一组接口，通过这些接口让合作伙伴有效交互。

设计参与者之间的有效接口

生态系统的领导者可以通过设计合作伙伴之间的接口来降低交易成本，从而在解决生态系统面临的生产力挑战方面发挥巨大作用。[2]

在典型的供应链里，各方之间的大多数接口都受合同约束。当可以客观地评估绩效时（组件或服务必须在约定的时间以正确的数量交付的情况），这是合适且有效的。然而，在生态系统中，合作伙伴之间的互动很少这么清晰而容易。一个生态系统要想在创新上取得成功，合作伙伴之间的互动需要能够促进双方互相学习。与其规范一方向另一方提供哪些商品或服务，生态系统领导者应该定义能够促进知识的流动和创新的接口。随着生态系统参与者的学习，其角色和贡献将发生变化，因此接口设计需要足够灵活，从而适应生态系统不断发展。

因此，生态系统领导者需要设计出接口，使不同的参与者能够高效而灵活地交换不断变化的产品、服务和信息。我们提出了7项可用于指导设计此类接口的原则（见表6-1）。

表6-1 接口设计原则

1. 签订的合同应该着眼于宏观结果，具备灵活性。对整个生态系统保持公平，明确如何解决争端。
2. 创建门户界面，使生态系统领导者与合作伙伴，以及合作伙伴之间的数据交换畅通无阻，而不必试图控制所有数据交换。
3. 开发一套系统和组织架构，管理针对复杂技术的交流。
4. 将一些复杂的隐性知识进行编码，使其能够更有效地交换。
5. 在合作伙伴之间建立互信机制。
6. 在生态系统内，对各类规范标准达成共识。
7. 惩罚不良行为。

制定合适的合同

在形成生态系统的过程中，传统的合同模式通常无法定义合适的接口界面。回想一下，达索系统在其生态系统中拥有800多家合作伙伴，它们不断更新和开发软件解决方案或产生需求。许多合作伙伴甚至不与达索系统产生交集，而是直接彼此协作。你能否想象，每当生态系统交付的产品、服务、信息或访问方式以不可预测的方式发生变化时,就要与数百甚至数千个这样的合作伙伴重新谈判合同,或是尝试对生态系统中所有合作伙伴之间流动的各项知识进行重新定价,然后编写相应的合同规范来管理这些交易。这个生态系统将淹没在律师费中,并且因合同延期和重新谈判而瘫痪。

合同本身并没有错,这是业务交互的一部分。但传统的绩效合同不足以保证生态系统合作伙伴之间的有效合作。[3] 在传统的供应链中,协调各项行为已经非常困难,在创新的生态系统中,通常充满变数和高度的不确定性,试图用具体的行动、可交付的成果和固定的价格来明确合同,可能会成为一项难以实现的任务。当意想不到的变化发生时,生态系统中的合作伙伴可能会受到不一样的影响。这会使得精心制定的合同协议所基于的前提失效,影响生态内的伙伴互信。因此,生态系统领导者需要鼓励合作伙伴起草侧重宏观层面的合同,同时为灵活性留出空间。此外,当事情发生变化时,这些合同必须被认为是公平的,还必须清楚地说明如何解决争议。

然而,快速变化的需求、不确定的成本和难以衡量的绩效妨碍了大多数生态系统中合作伙伴就每一项可能出现的应急事项起草合同。与其规定详细的行动和预期结果,生态系统合作伙伴之间的合同更应当规定合作必须是开放式的。一个很好的类比是雇用合同,在上面只是定义工作的性质,但没有详细说明具体任务和结果。如果采取这种开放式的合同,生态系统中的合作伙伴之间可以建立一种事实上的监督和激励机制,使当事方就好像是同一组织内的部门之间做出决定。[4] 这类合同为生态系统增加了应对不可预见情况的灵活性。

合适的合同还必须保证公平性。在一个生态系统中,某个合作伙伴不可能拥有生态系统中所有参与者的完整信息。通常很难判断其他合作伙伴的行为改变是不是可以接受的。合同必须清晰地展现对生态系统中的所有参与者的公平性。2003年，欧洲工商管理学院的金伟灿和勒妮·莫博涅提出，合同中的公平要求具备三项特质。第一，明确游戏规则和必须达到的目的。第二，确保所有受影响的合作伙伴参与它们有关的决策。这是生态系统领导者传达对所有合作伙伴尊重的一种方式。第三，明确说明修改合同条款的时机和原因，避免产生间隙，确保信任。[5]

但是，要使这些灵活的合同更侧重于协作过程（而不是明确指定具体的任务或产出），合作伙伴需要在投资、风险和回报之间达成平衡。[6]

合同通常还包括争端解决机制的条款，这在生态系统合作伙伴之间的合同中也是必不可少的。但同样要采取一种不同于一般商业合同的形式，以便能够应对生态系统的高度创新和灵活性的特征。它们不仅被视为最后的安全阀，还要能作为例行程序应对一系列争议性问题。生态系统合作伙伴需要借助契约条款，使它们简单、迅速、共同解决在彼此之间出现的许多不可避免的差异性。目的不在于打破罕见的、潜在的、难以解决的争端僵局，而是促进共同解决问题。[7]

此类合同的一个典型样例是ARM和沃达丰于2019年3月签订的合同，该合同规定双方联合开发一款产品，将沃达丰的全球网络和物联网平台与ARM的物联网软件和服务结合在一起。合同要求双方共同努力，开发一种可编程的、互联的芯片系统设计，消除对传统SIM（用户识别模块）卡的依赖（比如手机所使用的SIM卡）。但该合同没有详细说明具体的产品特性和交付成果，而是体现出合作伙伴互联开发能力、标准和安全协议的承诺,从而允许生态系统中的其他合作伙伴开发独立的物联网产品,这些产品可以传输并可靠地连接到任何地方。其目的是使终端用户能够在全球市场上以更低的成本和更简单的方式进行安全部署,并管理大量的物联网设备。[8]

启用数据交换

我们提高生态系统生产力的第二条建议是,让生态系统领导者开发可以简化合作伙伴之间数据交换的界面。这背后的简单事实是,数据需要在生态系统领导者和生态系统中的其他参与者之间流动起来。

《卫报》的经验很好地说明了应该建立何种界面接口类型,以及这对生态系统的利益(我们将在下一章更详细地讨论这个案例,在本章重点关注《卫报》及其合作伙伴之间的数据交换)。《卫报》的开放新闻生态系统是一个有趣的示例,展示了如何为生态系统的领导者及其合作伙伴之间顺畅的数据交换创建接口,从而推动生态系统的发展和繁荣。在互联网早期,《卫报》希望读者、自由记者和网站开发者能够访问《卫报》内容,鼓励将这些内容整合到他们各自建立的应用程序和网站中。为了有效交换数据,《卫报》决定建立一个应用程序接口来促进这个过程。正如我们在第四章中提到的,应用程序接口是一组例程、协议和开发工具,决定了数据流在软件组件间的交互。适合的应用程序接口可以使交互变得容易,是许多成功的生态系统的助推器。

但这给生态系统领导者带来了潜在风险:将有价值的数据开放给大量合作伙伴。《卫报》就面临这个问题。虽然希望推动开放新闻的目标,但《卫报》也想要限制合作伙伴可以免费获取信息的数量。这是典型的权衡案例,在支持合作伙伴和保护自身利益之间达成平衡,这是生态系统领导者经常面临的问题。实现合理的平衡需要一个借助复杂的应用程序接口来管理与合作伙伴的交互。《卫报》提出的接口由两层组成。免费层对任何注册的网站开发人员都是可用的,但限制了他们每秒可以调用的次数,以及每天由每个应用程序调用的总次数。此外,还对每篇文章的文字数量进行了限制,限制了一定数量的内容访问(2015年超过170万字)。此外,免费层要求开发者在展示内容的同时嵌入广告,这些广告与他们从报纸网站上获取的内容相关联。相比之下,付费层让订阅者可以访问《卫报》提供的所有内容,包括文章、视频、音频和图像,收费根据每天的交互次数和通过界面提取的数据量而不同。这一层级还允许合作伙伴在不与《卫报》分享收入的情况下展示第三方的广告。

但是,仅仅向合作伙伴提供数据会压缩生态系统领导者可以创造的价值空间。《卫报》意识到这种限制。在单纯向合作伙伴提供数据以外,《卫报》可以在生态系统中创造和获取更多价值。例如,开发一个界面,以此促进与合作伙伴之间有效的双向信息流动,《卫报》也将能够从合作伙伴的活动中获得宝贵的知识。于是,它在界面中嵌入了一个分析代码,使《卫报》能够追溯引用其内容和各种嵌入广告的合作伙伴的地区位置和受欢迎程度。设计这样的界面使《卫报》能够从其他广泛的生态系统中获取数据并积累经验,而不仅仅局限于其直接领导的生态系统中的各项动态。[9]

内容和读者数据是报纸生存发展的命脉,因此《卫报》设计了一个界面,能够对生态系统中的合作伙伴之间流动的数据进行严密而有效的控制。然而生态系统的领导者并非总是需要严格管理信息交换,甚至不需要跟踪统计哪个合作伙伴提取了什么，其又为生态系统贡献了什么。在拥有 800 多个商业、教育和软件合作伙伴的达索系统的生态系统中，要想以合理的成本追踪合作伙伴之间的信息交换几乎是无法实现的，这对想要在生态系统中创造和获取价值的达索系统来说也并不必要。通过创建 3DSwYm 界面，类似于合作伙伴分享信息、交换概念和模型的社交媒体平台，达索系统在不控制数据流的情况下，在帮助合作伙伴获取成功的同时推广自己的产品和服务。

不控制此类数据交换会有风险吗？重要数据是否会泄露到生态系统之外？一定存在这样的风险，但很可能没有人们想象中那么重要。我们分析了那些倾向于合作的研发案例，科学家和工程师之间的大量信息互享发生在非正式的场合，即所谓的专业知识交易市场，类似生态系统。[10] 每位工程师都有自己非正式的技术交流渠道，有自己心目中某一特定领域的专家。他们每个人建立自己的"名片簿"，当遇到问题时，他们会去找相关领域的专家——即使这个专家是服务于竞争对手的——寻求他的建议。假如知道这些信息对维持竞争优势至关重要，这些专家就不会分享太多内容。但在许多情况下，专家通常愿意充分交流共享，他们同样期望在未来得到帮助。工程师实际上非常善于估计他们分享的信息的价值，而且信息的交换被证明是极其有效的。事实上，在任何领域的专家中，都强烈地感受到自己有以公平的方式回报他人的义务。

上述情况向生态系统领导者传递出非常明确的信息：应该充分利用这些非正式的交流机制，通过建立界面和平台促进生态系统的自我组织，从而推动其持续发展。生态系统领导者可能不会约束管理结构，或者创建各项规则来管理生态系统中的知识和数据流动。取而代之的是通过组织会议、创建私人社交网络，以及建立松散组织的联合开发团队，用最有效的方式促进非正式的知识共享和交流，让生态系统取得成功。在 ARM 和达索系统的生态系统案例中，通过合作伙伴之间充满活力的知识交流，生态系统创造出的价值就是这类方法的典范。

管理复杂知识的交流

当生态系统需要交换高度复杂的知识时，合作伙伴之间的数据流动性就会变得特别复杂且具有挑战性。许多情况下，这些复杂的知识难以落在纸面上，而是存在于个人的头脑之中。同时这些知识还往往会分散在组织的不同部门之间。因此，这些知识的封装和传递特别困难。这就引出了我们给生态系统领导者的第三个建议：帮助合作伙伴塑造接口，使生态系统更加高效。为了确保复杂的知识在整个生态系统中顺畅流动，生态系统领导者需要部署一系列方法，包括实施系统、工具和组织结构，以促进自身的知识获取以及合作伙伴之间知识的必要流动。但是，复杂知识的本质意味着，这种接口几乎不可避免地需要高度交互。

例如，ARM 需要从原始设备制造商和半导体制造合作伙伴那里获取嵌入技术和产品路线图背后的复杂知识系统。这个过程不仅意味着要从每家合作伙伴那里收集详尽的规划蓝图，还需要经常从不同部门员工掌握的知识片段中，拼凑出合作伙伴技术和产品的未来方向。更麻烦的是，这类知识往往是不明确的、暂时性的和碎片化的。因此，像 ARM 这样的生态系统领导者必须创建相应的接口才能使复杂知识在整个生态系统中顺畅流动起来。并且，这种接口完全不同于那种旨在共享数据的接口。

正如我们在前文看到的，ARM 的应对之道是以合作伙伴经理的形式，有针对性地部署专职人员，与那些必须交换大量复杂隐性知识的合作伙伴建立接口。最初，每位合作伙伴经理对应少数几家合作伙伴，甚至在某些情况下，为某一家合作伙伴分配专人照看。合作伙伴经理负责汇总 OEM 合作伙伴（"客户的客户"），以及获得 ARM 设计许可的半导体合作伙伴的产品和技术路线图。他们的工作描述包括"作为创建、汇报和执行客户战略的关键角色，与合作伙伴（公司）的管理、技术和营销人员建立健全的、专业的、长期的关系"。[11] 该工作的另一个重要部分是"代表 ARM 的合作伙伴，就它们的技术和业务需求向 ARM 业务部门、工程、市场和管理部门提供信息反馈"，以及"识别并获取有关竞争格局、趋势、预测和其他相关信息"。

当这类知识对生态系统的领导者极具价值的时候，依靠经验丰富的员工从合作伙伴那里获取复杂的知识是很有意义的。当然，ARM 将合作伙伴经理作为在生态系统中与合作者的主要接口，这个做法一开始非常有效。但随着 ARM 的生态系统发展到包括世界各地的 400 多家合作伙伴，这种合作伙伴管理方式必须进行改革。为每个合作伙伴配置专职人员显然代价高昂且效率低下，于是，ARM 开始根据合作伙伴能够提供的知识类型、合作伙伴的规模、产品的应用领域（如手机或汽车）、涉及的技术类型，以及合作伙伴对其所在行业未来方向的影响程度来改变交互的界面和形式。

上述举措证明了生态系统领导者必须在价值创造、灵活性和效率之间做出完美权衡。正如在第五章中看到的，ARM 提高与合作伙伴互动效率的第一步是确定小部分战略合作伙伴。这些战略合作伙伴对生态系统在以后取得成功至关重要。前 20 名战略合作伙伴被指派给

ARM 的一位管理者——CEO 与他的直接下属——负责管理维护它们之间的关系。这种方式确保了即使 ARM 与合作伙伴的关系是销售导向的，也有大型的市场和销售团队参与其中，高层管理人员可以平衡短期的收入目标和长期的合作利益。这种长期利益包括共享未来的技术路线图，进而指导生态系统的未来方向。

提高效率的第二步是将合作伙伴经理的传统工作分成不同的角色，交由专人负责。通过为每个最终用户的应用领域创建细分市场的营销组织，ARM 将自身业务划分为 8 种应用场景：无线、存储、成像、汽车、消费者娱乐、网络、安全和工业。正如 ARM 的首席技术官迈克·穆勒所说，这些细分市场团队的使命在于厘清"谁是玩家，谁最重要，他们想要什么"。

ARM 的经验表明，生态系统领导者要认真思考与生态系统内的合作伙伴应该进行哪些类型的交互，以及在同一家合作伙伴内部，不同部门之间的界面要有什么变化。与为了确保销售或采购产品和服务相比，旨在塑造技术或产品路线图未来方向的知识交流所使用的渠道和接口应该有所不同。创建不同的渠道来处理不同类型的交互，可以减少由于合作双方不同的诉求而阻碍知识流动，或导致合作关系受阻的风险。

整理知识

在设计与合作伙伴的交互接口时，生态系统领导者要记住的第四个建议是，要认识到某些数据和信息是难以表达和共享的。在这种情况下，生态系统领导者可能要开发一套编辑整理知识的系统。知识的封装可以促进更普遍的共享，或者使其仅限于供生态系统中熟悉这套术语的技术专家使用。无论哪种情况，都将有利于知识的传递，否则这些难以共享的知识将被冷落在生态系统的一个角落而无人问津。

汤森路透帮助客户解决浏览法律系统问题的解决方案很好地阐释了这一点。隐藏在法律文件中的信息通常很难共享，部分原因是很难用数字化形式提取和传达法院的整套诉讼程序。这最终使得法律系统的效率可能受损。汤森路透认识到，如果能全面编纂世界各地大量法律案件的模式和含义，就可以将其整合成为提供给金融服务、保险、法律、税务和会计专业人士信息的一部分。在第四章中，我们描述了汤森路透与CodeX建立的合作伙伴关系。这是汤森路透与生态系统合作开发一套编码系统以提高生产力的一个示例。

其次，整理编纂生态系统内知识的重要性不仅仅是提高生产力，这样做还可以推动创新，并在创造新的价值方面带来机会。汤森路透下一步所采取的行动显示了这种潜力是如何在现实中得以发挥的。2015年，汤森路透在CodeX赞助了法律技术创新挑战赛，这是"公开呼吁法律专业人士、程序员、企业家、数据科学家和对此感兴趣的各方人士开发通过高回报的分析手段提高法律系统效率的新应用程序"。[12] 参与者获得了联邦法院的诉讼记录数据、外部数据和汤森路透的开源公司身份识别系统PermID的信息。挑战赛的最终获胜者开发了一款应用程序，利用法庭数据创建了一个模型，该模型能够预测驳回动议在美国联邦民事法院的特定法官面前获得成功的可能性。因此，正如汤森路透创新主管蒂姆·贝克所言："汤森路透联合了掌握专有领域经验的技术专家，从而进一步推动创新，优化法律实践。"[13] 这种新模式还有助于促进汤森路透合作伙伴网络中复杂法律数据的交换。

因此，通过简化访问，诠释和交换那些复杂的信息，提高法律实践过程中的效率，汤森路透加强了生态系统的能力，并更好地为客户提供服务，这些客户"正日益着眼于下一代技术解决方案，构建和推进功能更完善的法律系统"。因此，启用知识编纂，推动信息更轻松地在整个生态系统中流动起来，是生态系统领导者为提高网络效率所做的关键贡献。

建立信任机制

关于生态系统领导者如何提高生产力的第五个建议是，找到在生态系统领导者与合作伙伴之间，以及所有合作伙伴彼此建立信任的方法。当生态系统中的参与者相互信任时，可以避开那些代价高昂的保障措施，交易成本也会随之下降。信任使生态系统更具生产力。在任何介于自由市场和层级制之间的混合组织形式中，信任确实能发挥关键的协调作用。[14]

让生态系统更加有效的信任机制能否建立取决于合作伙伴所致力于实现的目标，以及其中的风险因素。其中的两项风险尤为重要：一是相关合作伙伴之间的依赖程度；二是能否客观评估各方交付内容的质量。[15]

要了解如何在生态系统中处理这两类风险，我们用一个非常简单的日常类比说明一下。假设你要找油漆工来粉刷房屋。人们不会选择从未使用过的油漆工，把房子的钥匙给他，让他在雇主度假时完成刷漆工作。多数人会让油漆工在房子里一个小地方开始工作，然后在一天的工作结束时赶回家评估其工作质量。如果对工作质量很不满意，他们就会解雇这个油漆工。雇主又如何确保油漆工不会同时干两份工作而影响了他们的工作呢？他们通常会保留尾款，直到工作完成，并且可能会为按时完成支付奖金。

生态系统中的某些交互非常类似于与房屋油漆工的沟通方式。这种关系是不对称的。一方取决于合作伙伴的表现，而后者的成功并不取决于与对方的互动。在这种情况下，只要合作伙伴的责任可以精确界定，而且业绩便于观察评估，带有绩效指标和激励措施的合同就是确保信任的最有效方法。苹果的应用程序商店和亚马逊的应用市场就采用了这种方式，要求买家和卖家签订合同，有时还会借助激励措施来表彰优秀的业绩。

但是，正如我们已经谈过的，要详细描述生态系统中每一个合作伙伴的所有任务和责任，并将其逐一纳入合同中是难以实现的。在创造新价值的过程中，生态系统通常会要求合作伙伴参与那些定义尚不明确、新兴的学习和创新过程。随着生态系统的发展，合作伙伴的角色和互动将会随之改变。此外，合作伙伴的业绩往往难以观察和衡量。当它们贡献知识、能力，并且进入一个复杂且相互依赖的生态系统时，这一点尤其明显。整个过程中，成功或失败的原因很难责权明确。正是在这种情况下，信任对于加强合作伙伴之间顺畅和有效接触变得极其重要。

建立信任的基本方法有三种：通过个人建立在能力、正直和表里如一等美德上的声誉；通过较长时间的互动，逐渐建立的信任感；形成一种可预测、可证明的规范。

仅仅基于客观了解或单凭观察是很难建立信任的，声誉在这方面总是起着重要作用。以生态系统领导者为例，它希望吸引合作伙伴作为市场的推动者，刺激最终客户产生对生态系统所提供的产品或服务的需求。但假如新的合作伙伴未能激发需求，那么这说明该公司是不值得信赖的吗？不能这样武断。生态系统的产品可能没有很好地满足潜在客户的需求，即使是最有能力和最忠诚的合作伙伴也无法激发客户的需求。如何解决这个难题？赢得信任的最佳办法是专注于享有良好声誉的合作伙伴，因为如果不在市场端尽最大努力，它们的声誉也会因此受损。

生态系统在实现价值过程中所开展的诸多交互活动中，合作伙伴的声誉可以发挥关键作用。吸引有信誉的合作伙伴将促进信任系统，减少生态系统的交易成本，使之富有成效。生态系统领导者需要确保合作伙伴加入生态系统时，会同时带入自己的信誉。做到这一点的一项最佳实践是要求关键的合作伙伴将其品牌价值反映在为生态系统提供的产品和服务上，并显著地宣传它们在生态系统中发挥的作用。当合作伙伴处在生态系统的外围时，这一点尤为重要，因为这时的绩效不太容易观察到，也很难衡量评估。生态系统领导者必须依靠吸引具有良好声誉的合作伙伴，逐渐帮助其他参与者建立自己的声誉。

回想亚马逊网络服务通过设定合作伙伴网络的进入门槛，促进了受信任的全球合作伙伴生态系统的发展。该网络还提供一系列认证机制，让合作伙伴逐步壮大自己的能力和建立良好的声誉。[16] 亚马逊网络服务有一个合作伙伴目录，让潜在客户从中找到值得信赖的合作伙伴，客户可以在那里联系到获得认可的软件和服务供应商。

在生态系统合作伙伴之间的其他交互中，绩效可能更容易观察和客观衡量。持续不断的互动会建立熟悉感，最终奠定信任基础。即使这样，成功还取决于交互的质量以及投入。因此，关系中的依赖和信任是相互的。生态系统中的对称关系——成功取决于合作伙伴之间的理解和协调——这只能通过从尝试和实践中学习来加以发展。因此，生态系统的领导者需要找到促进合作伙伴之间互动的方法，从而创造相互学习和尝试联合行动的机会。其中的一种方式是赞助某些试点项目，让合作伙伴从中探索和测试彼此协作的方式。

例如，阿里巴巴在面对改善中国物流的需求时，必须找到愿意开展共同学习来建立信任的种子合作伙伴。阿里巴巴确定了一小部分合作伙伴，它们相信通过合作，可以极大地改善生态系统的物流能力。这需要持续的努力，但是结果却难以预测。而且，正如曾鸣所说，阿里巴巴随后"与这些种子合作伙伴几乎夜以继日地协作，在最短的时间内建立了业务模式原型并投入运营。一旦开始运作，就可以积累知识和能力"。[17]

与之前的预期相反，阿里巴巴发现加入的合作伙伴并非行业领导者，因为物流的领导企业往往墨守成规，为已有的成绩故步自封。相信电子商务未来的新兴公司却发现了生态系统的优势，并愿意通过长期合作建立信任。

信任通常也是经过精心设计后取得的成果，是清醒地评估合作伙伴后进行取长补短的成本效益。只有当合作伙伴相信生态系统作为一个整体，在为个体利益服务的同时，也在努力创造互惠互利的条件，它们才会承担这个生态系统中的风险。如果合作伙伴怀疑生态系统中存在对它们不利的威胁，那么合作势必会走向失败。因此，作为公平对待参与者的积极力量，领导者在建立生态系统中的信任方面扮演至关重要的角色。

就像公司内的领导一样，沟通在其中起到关键作用。生态系统领导者需要不断提醒参与者，融入生态系统的好处。它需要赞扬为整个生态系统的利益而进行投资，或者开展额外活动的合作伙伴，从而促进长期繁荣。它必须支持论坛，以在线和面对面的形式将合作伙伴聚集起来，倾听彼此的意见，了解它们的决定将对某些合作伙伴，或是更广泛的生态系统产生的影响，并对其进行修正。它们需要增进共识，并寻找互惠互利的机会。促进对合作伙伴共同命运的理解，加深彼此间相互作用和影响，这有助于降低交易成本，提高生态系统的生产力，并创建一个自我强化的、从承诺到不断调整的系统，从而帮助合作伙伴度过可能遭遇的危机和麻烦。[18]

在治理标准上达成共识

信任需要建立在良好的标准规范之上，这些标准与规范创造出生态系统的可预测性，并使其值得信赖。因此，我们的第六个建议是，生态系统的领导者应该制定标准和规范，让生态系统中的所有参与方必须严格遵守。假如客户、用户和合作伙伴彼此间不需要互相检查对方的资质，这样的生态系统就会变得更有效率，因为各方知道生态系统的领导者会确保大家都遵守一套最低要求的标准。例如，苹果的应用程序商店坚持每一款产品都要在五个方面达到一定的最低标准：安全、性能、商业性、设计和合法。例如，安全问题包括排除不良内容的标准，防止为吸引儿童而在应用程序中设计出现外部链接，并且为解答用户在使用中产生的问题和如何获得支持制定规则。与此同时，在性能方面，苹果制定了应用完整性、硬件兼容性以及应用程序消耗或是设备发热等方面的标准。[19]

在确立 MDP 的应用市场时，雅典娜健康已经采取标准步骤，从而增进生态系统的信任机制并促进合作伙伴之间的互动。在雅典娜健康平台上销售的服务必须符合该公司的隐私和安全标准，并且MDP应用市场接受的任何解决方案必须能增加客户收入，提高效率或是能改善人们的健康状况。为检查合作伙伴是否满足了这些要求，雅典娜健康建立了一个实时跟踪绩效指标的系统。

正如我们在有关应用程序接口的讨论中所看到的，产品模块化的标准化设计方式，或是数据打包和交换的标准都有助于参与者之间更加顺畅地交互，并使生态系统更高效地工作。生态系统领导者还可以在开发标准化接口方面发挥作用，使得不同合作伙伴之间的交互更加顺畅。例如，我们在第三章中看到，达索系统开发了一套门户，所有合作伙伴都可以借此访问、了解所提供的PLM解决方案在不同领域的发展路线图。在定制化的社交网络中，达索系统随后建立了标准协议，使复杂的三维设计能够轻松交换。这些标准接口和协议帮助降低了交易成本，消除了不确定性，提升了灵活性。它们帮助合作伙伴免去了在每次变更活动或角色时都需要拟定复杂的协议。当情况太复杂而不符合标准协议时，达索系统会帮助生态系统合作伙伴拟定一份合同，从而促进协作，鼓励共同解决问题。

惩罚不良行为

并不是每个参与者都能达到生态系统的管理标准，因此我们最后的建议是，生态系统领导者需要设定某种规则，惩罚那些威胁生态系统完整性、生产力和效率的行为。

阿里巴巴的淘宝生态系统很好地解决了这个问题。在早期，淘宝遭受了卖家的误导——他们故意错误地分类自己的商品，从而获得更多的曝光率。例如，一个电脑鼠标的卖家会把它列入一个高流量的类别,比如男装,以获得更高的曝光率。为了公平高效地参与生态,产品和服务必须被正确分类,方便购买者从品类齐全的产品组别中做出购买决定。一开始,阿里巴巴缺乏纠正分类错误的流程,卖家方面遇到了挫折和困惑。阿里巴巴需要找到一种方法来纠正错误,防止恶意的卖家利用系统漏洞浑水摸鱼。淘宝的张宇解释说:"困难在于,生态系统中的每个人都试图最大化自己的利益,有时会以牺牲他人的利益为代价,这破坏了一个健康生态系统的基本原则——共同创造和分享。因此需要监督,需要'治安警察',让他们担当保护公众利益的职责。"[20]

阿里巴巴并没有亲自解决这个问题,而是决定通过招募具备这方面能力的合作伙伴来捍卫生态系统的安全。它引入了一种分类反馈和争议解决程序,由市场判断委员会做出所有分类决定。委员会的成员从买卖双方合格的代表中选出,并通过投票做出决定。这种方式让阿里巴巴能够提高双方的效率,并使得这个生态系统变得更加完善和强大。

另一种破坏生态系统的行为是搭便车。合作伙伴经常需要做出不可逆转的投资或其他形式的承诺,因为它们期望将来会从中受益。因此,参与者面临道德风险,它们的一些合作伙伴会试图搭他人的便车,在它们已经投入资金、精力或技术之后,重新谈判以确定双方的合作关系。生态系统领导者需要通过促进互动的透明度,制裁甚至剔除那些拒绝公平竞争的人,用以控制道德风险。例如,在我们的研究中,某家公司不得不将一个重要的开发伙伴排除在生态系统之外,因为它在没有得到许可的情况下有意识地使用了其他合作伙伴的软件代码。

平衡创新、敏捷与效率

为了确保生态系统在与垂直整合的对手和传统供应链的竞争中具有足够的优势,并确保额外成本不会抵销生态系统可以带来的收益,你需要专注于在合作伙伴之间创建有效的交互界面。这意味着要解决以下 7 个问题。

1. 在适当的情况下,使用合同来管理生态系统中的关系,明确这些合同是否足够灵活,针对宏观目标与绩效标准,而不是针对具体的交付成果和行动?

2. 这些合同是否被认为是公平的,是否有助于解决共同问题,而不仅仅是充当万不得已的安全阀?

3. 你是否构建了相应的接口,实现与合作伙伴之间,以及合作伙伴彼此间有效的数据交换? 你需要对交换的数据在多大程度上施加控制?

4. 当需要交换复杂的隐性知识时,你是否已采用适当的工具、系统和结构来达成目的,包括在必要时进行人与人之间高度互动的机制?

5. 你有没有通过建立合作伙伴之间的信任机制来提高生态系统的效率,包括吸引有较高信誉度的合作伙伴,并鼓励它们带入自己的品牌和声望?

6. 你是否建立了一套所有合作伙伴同意遵守的最低标准,以此来降低生态系统内交易的风险和成本?

7. 你采取了什么机制来惩罚在生态系统中搭便车或其他形式的不良行为?

第七章 专有知识的共享标准

生态系统最重要的优势之一是促进共同学习与创新。生态系统领导者应该在学习和创新的实现过程中发挥关键作用。

新的知识是生态系统中创新的源泉。因此，领导者首先应该着手将新知识带入生态系统，鼓励生态系统成员重视经营活动中萌生的创意和想法。基于这些知识的汇聚，生态系统领导者能够开发创新项目。除了领导者利用在生态系统中的关键地位积累的知识开展创新，同样重要的是鼓励合作伙伴独自或联合创新。所以生态系统领导者必须传播知识，使得显性知识和隐性知识有效传递给有创新意愿的合作伙伴。

同时，生态系统领导者需要对所产生的新知识保留部分所有权。专有知识是领导者软实力的基础，我们将在下一章中看到，专有知识对于确保领导者将生态系统的贡献转化为经济利益至关重要。分析哪些知识可以与合作伙伴分享以刺激创新，而哪些知识必须保留所有权，是生态系统领导者需要做出的决策之一。

促进新知识的流动

生态系统的领导者通过部署与众多合作伙伴互动的战略,将新知识注入生态系统,每个合作伙伴都为生态带来独特的功能和经验。《卫报》的案例充分说明了刺激新知识流动的好处。我们在第六章中已经谈到这个案例。

《卫报》成立于 1821 年,最初名为《曼彻斯特卫报》,是英格兰的地方性报纸。在前 178 年中,《卫报》只是一份普普通通的报纸。经历了最初的繁荣后,伴随广告和内容越来越多地转向互联网,数字时代的《卫报》像它的大多数竞争对手一样面临挑战。尽管如此,《卫报》自 2000 年以来建立的生态系统已经使其成为全球第四大最受欢迎的新闻门户网站。2019 年 2 月,它的网站吸引了超过 2.7 亿独立访客。其中近 2/3 的人来自英国以外的国家,仅美国就占 26%。[1]

《卫报》取得成功的关键在于其高层管理团队在 21 世纪初做出的决定,这些决定旨在利用其合作伙伴的知识和能力。这构成了其不同于竞争对手的商业模式。《卫报》不仅仅是制作和分发读者愿意付费的内容,或是得益于内容带来的广告销售,而是建立了一个生态系统,能够不断地从读者、广告商和其他新闻媒体获取新的知识。通过这种方式,生态系统不断被各种新的内容刷新。

最初,这个想法在内部遇到了很多阻力。 正如《卫报》的前编辑艾伦·罗斯布里奇在 2010 年说的:"我们必须克服那种认为只有记者才是新闻权威的傲慢态度。如果能让其他声音参与进来,你就创建了一个让作者和读者更有参与感的网站。我认为,从新闻角度来说,这样会更好。"[2] 而那些封闭的报纸"都必须由自己生产一切内容"。罗斯布里奇表示,很显然,这已经难以适应当今的互联网世界。[3]

为创建一个更加开放的生态系统,《卫报》的第一步是免费提供在线内容,不仅对读者,而且对第三方网站同样如此。该报在2009年推出了一个开放平台的应用程序编程界面,允许网站开发者创建使用《卫报》内容的链接,将内容转发给他们的受众。该平台最初对所有用户免费,后来转变为两层定价模式,提供有限的免费访问和收费的广泛访问,我们在第六章有过描述。

如果《卫报》持续在生态系统内推动创新,那么它就不仅要最大限度地扩大报道的覆盖面,还要不断地刷新报道的内容。要做到这一点,它就必须改变之前与生态系统中合作伙伴的互动方式。这意味着必须部分放弃对内容使用的控制权。正如我们在前一章中提及的,《卫报》没有简单地允许其他网站链接其内容,而是创建了一个开放而灵活的平台,允许《卫报》的内容嵌入合作伙伴的网站。这使得《卫报》能够以一种全新的方式开始与无数的合作伙伴进行接触,节省下寻找合作伙伴的成本。合作伙伴中有记者、出版商等,而《卫报》以前甚至都不认识他们。用数字内容总监艾米丽·贝尔的话来说,开放平台使得《卫报》的内容"被编织融入互联网的整体结构"。[4]

这些行动看起来像是《卫报》的善举,但它同样会从中获益:由于合作伙伴在全球范围发布这些内容,《卫报》能够追踪内容是如何被使用的,以及在何时何地被阅读浏览。结果是获得了大量的新数据流,远远超过了它自己产生的数据量。随后,《卫报》利用这些宝贵的数据进一步创新商业模式,能够准确地了解其内容在何时何地被使用,从而了解内容与用户之间的关系。掌握了这些新数据之后,《卫报》就能够根据用户的特定需求,精确地定制内容和广告,我们将在后文进行解释。

显然，发挥生态系统创新的下一步是《卫报》开放内容来源和创建方式。这再次要求它放弃一定程度的控制权，即如何创作内容。2011年，《卫报》推出了"n0tice.com"，这是一个自创内容的平台，像是留言板和社交媒体平台的混合体，后来演变成一个类似于社区公告板的移动内容发布平台。

借助手机和Web浏览器中嵌入的定位工具，n0tice.com向用户显示了与他们当前位置有关的《卫报》上的内容。此外，用户还可以在网站上发布标有自己位置的内容。[5]因此，尽管该平台是免费的，但这使得《卫报》能够通过特定位置的分类广告实现创收，并根据从中收集的数据得出算法，持续加以优化。所有人都可以在n0tice.com网站上免费列出在售商品，他们还可以选择购买额外的增值服务，比如屏幕上的特色位置、更大尺寸的广告，以及延长网站的付费使用时间等。

一年后，《卫报》为n0tice.com发布了一个开放的应用程序接口，允许企业、记者和其他开发者使用该平台提供的全部信息。所有发布在n0tice.com上的内容都受共享许可标准保护，可以在其他场合用于商业用途。[6]

n0tice.com及其之前的举措展现了生态系统领导者如何激发知识流向其生态系统。用马特·麦卡里斯特的话来说，《卫报》的优势在于："敞开胸怀，让社区在你创造的空间活跃起来。于是，令人惊奇的事情开始发生。"[7]在接下来的几年中，n0tice.com被拆分为一家独立的子公司——Contribly，从一个特定地点的留声板转变为一个更广泛的平台，媒体公司可以借此访问、编辑和刊登最终用户创作的各种内容。[8]

当 2013 年 4 月推出卫报众包时，《卫报》便利用 Contribly 进一步将生态系统的边界扩展到用户生成新闻中。卫报众包让读者可以通过智能手机应用程序，或是通过互联网向《卫报》提交图像或故事。供稿会出现在卫报众包的网站上，一些精选的特辑还会呈现在《卫报》的主要网站或印刷版上。该平台通过设置每周新闻"任务"（主要是调查问题）来吸引用户。《卫报》还不时邀请读者参与突发新闻的报道，这些报道除了出现在卫报众包应用程序和网站上外，还会被纳入报纸文章。读者还可以主动发布内容和想法。然后由《卫报》的编辑团队审核，判断是否适合刊登。

　　《卫报》的领导层将卫报众包视为长期战略的重中之重，该战略通过从各种来源获取大量的数据和知识，在生态系统内创造新的机会，这无疑是极其正确的举措。正如《卫报》的社交和社区编辑乔安娜·盖里在 2016 年指出的那样："在《卫报》，我们有悠久的历史，让读者参与到我们的新闻工作。在过去的几年中，读者帮助我们审阅了议员的开支文件，关注英国的骚乱，随着中东事件的发展实时了解'阿拉伯之春'，并监督政府的就业计划。卫报众包进一步增强了我们的认识，即新闻业现在是一种双向对话，这将以前所未有的方式展示我们的网站，不仅使读者更容易参与我们的新闻事业，从而形成具有共同利益的本地和全球社区，这还将为我们的记者提供一个绝佳的工具，让他们发现独到的见解和看法。"[9] 通过这种方式，《卫报》的内容质量，以及与竞争对手相比发现和利用独家新闻的能力都大大提高了。

　　《卫报》的经历生动说明了一个生态系统领导者，如何通过与更多合作伙伴合作，吸引不同来源的新知识大量流入，从而在生态系统中激发创新。通过创建平台，为读者和当地媒体组织提供新闻机会，《卫报》找到了一种开启新知识的大门，使之源源不断进入生态系统的方法。《卫报》开发了用户界面友好的工具以及激励措施，鼓励贡献者与值得信任的机构合作共事。随后，《卫报》及其合作伙伴能够访问并吸收大量的新信息，激发创新。这也为客户提供了更丰富的体验，开辟了新的收入来源。

　　本书研究的许多生态系统领导者都以同样的方式找到了创新的方法，并吸引新的知识流入它们的生态系统，使它们和合作伙伴从中受益。例如，当一个新的行业合作伙伴加入达索系统生态系统时，它会带来全新的设计、材料与产品的应用，还有客户所需要的有关行业的新知识。达索系统提供了一些工具，鼓励新的软件合作伙伴将这些专业知识和信息纳入软件应用程序。然后，这些应用程序将被集成到达索系统的平台和服务中，使达索系统及其生态系统能够为客户创造更多价值。ARM 的合作伙伴，包括 OEM 和半导体制造商，不断将有关新技术、产品需求和制造流程的知识带入 ARM 的生态系统。这些新知识除了被整合到 ARM 的芯片设计和工具，还将进入生态系统中其他合作伙伴提供的软件和服务，使 ARM 能够为客户创造更多的功能和更大的价值。

　　对于像亚马逊和阿里巴巴这样的电子商务生态系统，通过日常活动不断创建的数据是更为重要的知识来源。每一笔交易都会生成相关各方所需的新数据，这还同时包括它们的特征，比如位置、服务表现和时间。借助正确的分析，这些数据可以转化为新的知识和洞见，涵盖消费者偏好和消费者心理，供应商的信誉度以及它们可能带来的风险，使亚马逊和阿里巴巴及其各自的生态系统得以为客户创造更多价值,并为自己带来更多收入。

然而,在上述每一个例子中,只有当生态系统的领导者在思维定式上进行了重大的、有时甚至是艰难的转变后,才能获得收益。公司的员工和合作伙伴必须相信,打开来自外部的信息流的大门,对于创造价值以及新机会至关重要,而不会破坏价值或冒价值流失的风险。

作为生态系统领导者进行创新

要充分利用生态系统产生的新信息和知识,领导者可以采取的一种方法是实现自我创新。我们将看到,这样做产生的结果可能会,也可能不会与合作伙伴分享。

通过数据的聚合产生见解和洞察,这是生态系统领导者创新最简单的方法之一。"在雅典娜健康,来自每年约1亿患者的数据为临床趋势提供了近乎实时的洞察"。[10]雅典娜健康利用这些数据创建了年度支付排名,根据各项财务、管理和交易指标对支付者(保险公司)进行排名。度量的标准包括提供者得到报销款的平均时间,首次提交即解决索赔的比率,保险索赔时注册信息所花费的时间,电子交易中处理信息注册有关的管理成本,以及其他有关保险公司质量与可靠性的指标。[11]分享这些排名可以使患者做出更明智的选择,鼓励竞争,并指出最有可能加以改善的地方。因此,雅典娜健康只需将整个生态系统的数据汇总起来,并以易于理解的形式与合作伙伴分享,就能够刺激创新,为客户和合作伙伴创造更多价值。

ARM则更进一步成为生态系统的关键创新者之一。通过使用合作伙伴之间的关键技术、产品和服务等复杂信息,ARM可以指导创新芯片架构的设计。ARM非常重视来自合作伙伴的数据流,因此每当授予其技术的使用许可时，ARM 也坚持与被许可方建立对等的互惠关系。目的在于确保 ARM 能够了解被许可方的技术流程路线图以及市场上正在出现的新应用类型。

通过与几家 OEM 建立牢固的关系，ARM 可以在早期获得有关新产品需求的信息。同样，ARM 与半导体合作伙伴和其他参与者的关系，也为了解硬件技术的发展提供了便捷的途径。ARM 将从合作伙伴网络获取的知识与自己的观点结合起来，确定了新产品和新技术的最新趋势。正如 ARM 的首席技术官迈克·穆勒向我们解释的那样，作为生态系统的领导者，ARM 当时面临的关键创新挑战在于"如何将来自 OEM 与合作伙伴的多渠道信息加以整合和分享"。

部分答案在于生态系统的最终目标：生态系统架构应该在最大程度上体现出合作伙伴的共同需要，也就是在不同合作伙伴需求之间达成最佳折中方案。起初，ARM 的许多合作伙伴并没有这样的想法，尤其是那些对自己的知识产权极其保守的大型高科技公司。然而，一旦它们认识到从生态系统创新中得到的好处，并确信 ARM 可以对它们的专有知识进行保密，它们就愿意参与到知识的双向流动中来。此后，这种模式迅速使得整个生态系统从中获益，合作伙伴逐步放弃由 ARM 专门为它们定制的设计方案，但作为交换，它们享受了更具成本效益的解决方案。通过汇集来自整个生态系统的知识，设计可供多个客户使用的创新架构，ARM 能够分摊开发成本，进而产生了一定程度的规模经济，为客户提供更好的价值。

这些例子强调了生态系统领导者自身创新的关键作用，使生态系统能够为客户创造新的价值。生态系统领导者可以通过设计结构和流程来推动这种创新，使生态系统不断从合作伙伴、客户和更广泛的途径中汲取新知识，并利用这些知识进行创新。不过，它们还可以通过刺激合作伙伴彼此之间的创新，进一步提高生态系统的创新潜力。

鼓励合作伙伴之间的学习和创新

除了利用生态系统产生的信息来推动创新，领导者还可以促进生态系统内合作伙伴之间的学习和创新。向新的合作伙伴开放生态系统，鼓励它们分享信息是第一步，但这远远不够。领导者还必须创建渠道、工具和接口，让合作伙伴彼此之间共享信息，从而实现共同学习。

例如，在亚马逊网络服务的生态系统中，亚马逊并不控制合作伙伴和客户之间的所有通信，而是维护一个目录，帮助潜在客户找到可以合作的对象。亚马逊的应用市场促进了客户与软件、服务供应商之间的直接联系。亚马逊努力将这些联系转化为现有产品的销售机会。正如向合作伙伴所解释的那样，亚马逊提供工具和培训，旨在帮助"邀请客户创新，并积极参与其 IT 开发，同时为你的公司创造更多机会"。[12] 通过在亚马逊合作伙伴网络中加入包含合作伙伴的信息和搜索功能，亚马逊进一步促进了生态系统中合作伙伴彼此之间的联系，更容易识别具有互补能力的合作伙伴，进而加速创新。

与此类似，《卫报》通过在泛大陆联盟（Pangaea Alliance）的支持下共享客户偏好数据，促进了合作伙伴之间的联合学习。泛大陆联盟汇集了来自路透社、CNN 国际、《金融时报》、《时代周刊》、《快公司》等的数据。作为一个整体，这些知名媒体品牌触及超过 2 亿的世界上最富有和最有影响力的人。它们的读者见多识广，博采众长，脚步遍及全球各地。任何单独一家报社都很难建立这些读者完整而精准的档案。泛大陆联盟提供了一项解决方案，使生态系统中的所有合作伙伴可以共享每一位用户的信息。这使出版企业对读者用创新的方式进行细分，广告投放也更为精准。正如该项目负责人，同时也是《卫报》新闻与媒体全球收益总监蒂姆·金特里所言："我们彼此共享数据，创建清晰的细分受众群体市场。"[13] 例如，将一家发行商的订阅信息与其他出版商的读者行为数据相结合，用创新的方式建立全新的读者档案，广告商会为此支付丰厚的报酬。[14] 广告商可以以经常旅行的读者为目标，他们会经常阅读来自多个出版商的内容。[15] 除了推动这类创新之外，泛大陆联盟让某家出版商可以通过共享平台一次性购买所有合作伙伴网站上的广告空间，从而直接面向所有合作伙伴的读者。《卫报》将主要的出版商加入生态系统，提供必要的基础结构来分享和分析它们的数据，进而催化合作伙伴之间的创新，这有助于生态系统释放新的价值。

设计合适的结构和接口以连接合作伙伴，帮助它们找到机会，进行数据和知识的互换与共享（如我们在第六章中读到的），可能是促进合作伙伴创新的有效方法。在创新由于信息共享困难而受阻的情况下，使用标准接口、创建协议并整理知识有助于更好地协调、降低交易成本和减少不确定性。正如我们在商品交易和金融市场中看到的那样，这样做可以消除共享创新过程中的障碍。

除了让合作伙伴访问大量数据和知识之外，成功的创新还取决于信息交互的质量，当创新需要验证的时候尤其如此。在这种情况下，合伙伙伴的关系是彼此相互依赖，而非只有一方依靠另一方。如第六章所述，这意味着需要对合作伙伴之间的互动加以设计，提供足够的机会来开展联合活动，从而建立信任并倡导合作伙伴彼此学习。对于促进交互活动，生态系统的领导者可以发挥重要作用。

在开发创新解决方案，以及为用户创建极致体验的过程中，达索系统促进尖端合作伙伴和员工之间的深度接触和交互。例如，公司将虚拟化设备的领先制造商组织在一起，包括具有虚拟现实、增强现实、虚拟培训和游戏知识的合作伙伴。让它们与达索系统认证实验室和研发团队合作，将这些新技术应用到工业设计中。通过启动这类创新合作，达索系统使得合作伙伴能够验证各自技术彼此间的兼容性和性能，并调整它们未来的技术路线图。通过为客户举办示范活动，联合营销以及业务开拓活动，达索系统持续学习和创新的过程扩大了合作伙伴的范围，进入它们共同聚焦的市场。[16]

在某些情况下，生态系统领导者可能需要用不同于以往的方式做出投资，促使客户和合作伙伴与生态系统对接，进而激励创新。例如，当亚马逊在2011年推出Kindle Fire时，公司进入了以苹果和某些安卓设备为主的平板电脑市场。但是，亚马逊的意图不是通过销售设备赚钱，而是试图创建一种渠道，客户可以借此与亚马逊生态系统进行不同的交互。这为销售内容以及为合作伙伴开发创新产品创造了机会。科技专栏作家史蒂文·列维写道："当为Kindle Fire支付199美元时，你并不只是购买了一个数字小玩意，而是在亚马逊的数字帝国签署了永久居住证。"

亚马逊持续以这种方式投资，推出了与语音控制的个人助理Alexa连接的智能扬声器Echo。随着合作伙伴为Alexa实现各项技术赋能，Echo在扩展的生态系统中激发了合作伙伴的创新浪潮。这些第三方应用程序为Alexa添加了各种新功能：播放音乐；检查火车、公共汽车、轮渡或汽车每天通勤的延误；解答一般问题，设置闹钟，订购比萨，呼叫优步，控制照明和空调等互联设备。亚马逊通过提供 Alexa 技能工具包（一个自助 API、工具、文档、教程和代码示例的集合），帮助合作伙伴围绕 Echo-Alexa 平台展开创新，这使任何公司都可以快速、便捷地为 Alexa 开发新技能。所有代码都在"云"中，而不是在任何设备上，从而使创新和应用升级无缝衔接起来。

同时，雅典娜健康通过启动加速器来鼓励生态系统中的合作伙伴进行创新。该加速器旨在为初创企业提供更多资源，使其具有成熟产品，以便它们可以持续扩展规模。初创企业可以得到办公场所、种子资金（从 25 万美元到 200 万美元），并可以访问生态系统内的客户群。更重要的是，雅典娜健康将从其员工、客户和合作伙伴那里汲取专业知识，以帮助选定的初创企业创新和成长。

ARM 在培育初创企业方面采取了不同的方式。研究发现，对使用 ARM 技术生产产品感兴趣的初创企业会彼此相互联系。在初步接洽阶段，ARM 为这些合作伙伴提供了工具和其他必要支持，将 ARM 的技术集成到它们的产品中，并将它们与使用 ARM 设计的其他人联系起来。ARM 还认识到构建产品原型是合作伙伴最为迫切的重点，因此可以按使用量提供灵活的许可收费模式。这就降低了使用 ARM 技术的壁垒，同时也让羽翼未丰的公司能够将资源集中在创新上。通过使用经过验证的技术、设计工具和支持 ARM 的软件，这些初创企业提高了自己开发产品的成功率。创新的初创企业就是通过这种方式融入 ARM 的生态系统的，当这些公司为 ARM 的设计开发新的应用程序，或者为生态系统中的合作伙伴提供更好的工具和软件时，就可能获得丰厚的红利。

这些案例表明，生态系统领导者有能力激发合作伙伴之间的创新，这样做有利于生态系统，而更重要的是，有利于领导者自己（可能是间接地）。领导者可以选择各种机制，包括将新的合作伙伴聚集在一起，投资激发创新的新平台或是启动一个孵化器。不需要控制创新过程的所有方面。诀窍是退后一步，让合作伙伴发挥自己的创造力完成自己的工作，并享受其中的收益。

生态系统学习与创新的分享

当领导者成功激发生态系统中的学习和创新时，如果成果在整个生态系统得以共享，将会有额外收益。有时，生态系统领导者或者合作伙伴可能想要保留部分知识成果的所有权，以保证只有它们才能从中获利。但在许多情况下，分享所学到的内容符合我们所谓的"良好的生态系统"，类似于经济学家所说的公共福祉。这是一种使整个生态系统受益，而又不损害任何人利益的实践。例如，《卫报》的泛大陆联盟生态系统所创造的读者细分就是一项"最佳实践"，可以帮助生态系统中的所有合作伙伴更精准地分拣内容和广告。生态系统中的每个参与者都可以从中获益，没有人会失去什么。

为了鼓励合作伙伴采用新的产品、服务和技术，大多数公司会在一定程度使用"广播模式"在市场和供应链中宣传有关其洞察力和创新的信息。它们还可能为特定的分销商和服务商提供培训，确保它们的创新在市场上得到支持。要释放生态系统的全部潜力，领导者需要走得更远。它们的目标应该是激励合作伙伴进行创新，而不仅仅是向合作伙伴提供信息，或者用现有的创新装备它们。要实现这一目标，它们应当找到方法，确保生态系统中产生的新知识能顺利地流向合作伙伴，传递到生态系统所重视的每个角落。

例如，亚马逊通过不断促进合作伙伴之间的信息共享，鼓励生态系统中的创新。这项战略带来的收益,以及亚马逊在这些方面所起的作用,可以在亚马逊网络服务生态系统合作伙伴之一的 2nd Watch 的案例中一窥究竟。作为亚马逊网络服务主要的咨询合作伙伴之一,2nd Watch 提供云迁移和管理服务,它设计、部署和管理客户的云部署策略,帮助客户"最大程度发挥亚马逊网络服务的价值"。当可口可乐公司意识到数字营销活动产生的流量超出其内部系统的承受能力时,急需一项快速解决方案。于是在短短两个月的时间里,2nd Watch 与可口可乐密切合作,开发了一种创新模式,将可口可乐整个北美网站迁移到亚马逊网络服务。[18] 随后,亚马逊发布了这份最佳实践的案例研究,并将案例传递给所有合作伙伴与客户。这项举措帮助 2nd Watch 开拓了新客户。同时还为整个生态系统如何创新和改进云迁移服务,为其他客户提供指导,促进生态系统及其功能的发展,进而吸引更多业务流向亚马逊网络服务。

另一项帮助合作伙伴分享经验和传播新知识的案例来自达索系统,这个智慧生态系统领导者通过举办年度合作伙伴论坛——3DEXPERIENCE 合作伙伴高管峰会——汇集来自世界各地的合作伙伴。它们与公司高管和专业工程师展开互动,讨论愿景和战略,参加研讨会,并与同行面对面交流。每年都有数十场更专业的知识分享活动,将生态系统的合作伙伴和客户聚集到一起,这增加了整个生态系统共享学习的机会,其中包括世界各地的用户会议、技术会议和客户主导的研讨会,例如,有关芬兰发动机制造商 Wärtsilä Marine 如何利用生态系统开发创新产品、系统与服务来满足客户需求的研讨会。[19]

ARM 劝导其合作伙伴:"借助 ARM 处理器设计,丰富的开发资源和多样化合作伙伴的生态系统,快速开启从概念构想到计算实现的流程。你将加入世界上最大、最多产和最具创造力的创新者社区之一。"[20] ARM 已建立 11 个社区，分别探讨图形与多媒体、物联网、安全性、在机械和设备中嵌入 ARM 流程等多项主题，甚至还有一项使用汉语普通话以适应中国合作伙伴的专题。

这些案例表明，生态系统领导者除了可以简化在整个生态系统中共享信息和学习，促进生态系统中的创新，它们还可以建立机制，鼓励合作伙伴开发便于共享的"生态系统产品"。由于这些机制充分发挥了大量合作伙伴的创新能力，因此可以推动价值创造，成为生态系统内刺激创新最有效的方式。

困境：自主学习或是共享学习

鉴于生态系统领导者在其中的关键作用，它们能够最大限度地汲取生态系统产生的大量新数据和新知识。分享这些知识显然有助于促进整个生态系统的创新。但有时候分享举措有悖于生态系统领导者的利益最大化。因此，生态系统领导者必须做出可能是它们最重要，也是最困难的决定之一：应该与生态系统的合作伙伴分享多少新知识？应该保留多少所有权，以增强对生态的影响力和获取利润的能力？

这种困境绝非庸人自扰。生态系统领导者的绩效取决于生态系统的健康和活力，以及创新发现和创新价值的能力。因此，领导者有必要在整个生态系统内分享知识，帮助合作伙伴和整个生态系统创造更多价值、创新并持续成长。《卫报》的生态系统恰如其分地印证了这一点，其中分享新闻、分析、观点，甚至客户行为数据都是《卫报》成功的基础。《卫报》生态系统的发展得益于领导者认识到，传统上只使用自己的记者来收集新闻的方式会限制其获取信息、阻碍学习并降低《卫报》的吸引力。《卫报》鼓励合作伙伴访问、分析和分享新知识。通过与其他媒体分享客户数据，《卫报》可以更好地了解读者的行为，提高读者细分的精度，并为广告商创造更大的价值。

同样，我们看到 ARM、达索系统和亚马逊网络服务能够共享从客户需求到技术进步的一切知识，助力生态系统创造更多价值，发展并提高生产力。它们开发了一套工具、培训项目或讲习班，通常免费或以很低的成本提供这些工具，以便将知识传播给有能力加以运用的合作伙伴。

不过，仍有许多生态系统领导者需要在自己，或在几个重要的合作伙伴圈内保留某些类型的新知识。这可能是因为分享会损害新知识的提供者，也可能会阻碍生态系统领导者的赢利能力。例如，ARM 无法分享有关 OEM 和芯片制造合作伙伴未来产品和技术路线图的知识。在存在相互竞争的合作伙伴生态系统中传播某一合作伙伴关键的技术细节，将导致 ARM 与其他伙伴的合作关系即刻终止。ARM 的工程师将公司从合作伙伴那里获得的知识整合起来，绘制出每个行业未来技术需求的蓝图。这些数据是 ARM 设计过程中的关键信息，使得公司能够创建满足合作伙伴竞争需求的芯片架构。这些知识确保 ARM 对生态系统做出贡献并获利。显然，ARM 不可能在影响营收和赢利能力的情况下与合作伙伴分享这部分收益。通过保留这部分知识，ARM 可以开发并销售为其带来可观回报的设计。

为了决定哪些知识应该与合作伙伴分享，而保留哪些知识的所有权，生态系统领导者要判断关于新知识和创新是否满足"良好生态系统"的条件。请记住，生态系统的关键特征是让所有的合作伙伴都可以从中受益，而不是为获利而损害某个合作伙伴的利益。生态系统产生的知识、学习和创新都应该遵循这一原则。事实上，生态系统的产出被所有的合作伙伴都加以使用可能会更有好处，这会使整个生态系统能够创造出额外价值和蓬勃生机的生产力。在这种情况下，对生态系统的领导者来说，尽可能促进这类知识在整个生态系统中的传播是明智的。

生态系统领导者是否应该共享某项特定知识，这种界限并不是那么明晰。需要在共享知识改善生态系统的收益，与保持知识的专属性使领导者得利这两者之间做出权衡。不仅是领导者必须做出这项权衡，生态系统中的合作伙伴也将做出类似的决定，明确何时与生态系统分享创新成果，以及在什么情况下必须保留创新成果。

我们可以回顾一下 2nd Watch 是如何与亚马逊网络服务生态系统中的合作伙伴分享有关将 IT 应用迁移到云端的创新的。可以说 2nd Watch 应该保留知识的专属性，发布这项本该专属的知识，可能会让生态系统内的竞争对手坐收渔利。然而，2nd Watch 认为共享的收益将大于风险。共享它的创新推动了将 IT 功能转移到云上的理念，并证明了其可行性。这加速了云迁移服务市场的增长。潜在的竞争对手可能从中受益，但 2nd Watch 同样愿意看到这种趋势。此外，因为首先提出这种创意，2nd Watch 被定义为该领域的先驱之一。图 7-1 列出了生态系统领导者及合作伙伴的权衡取舍。生态系统中的每一方都有可能产生新的知识，但随后需要决定是共享该知识，还是保持知识的所有权并以此谋利。在做出决定时，它们必须考虑生态系统是动态的。正如我们将在第十章中讨论的，生态系统会进化，因此选择也会随着时间的推移而进化。今天看来是专利的事物，在未来很可能会变得稀松平常。

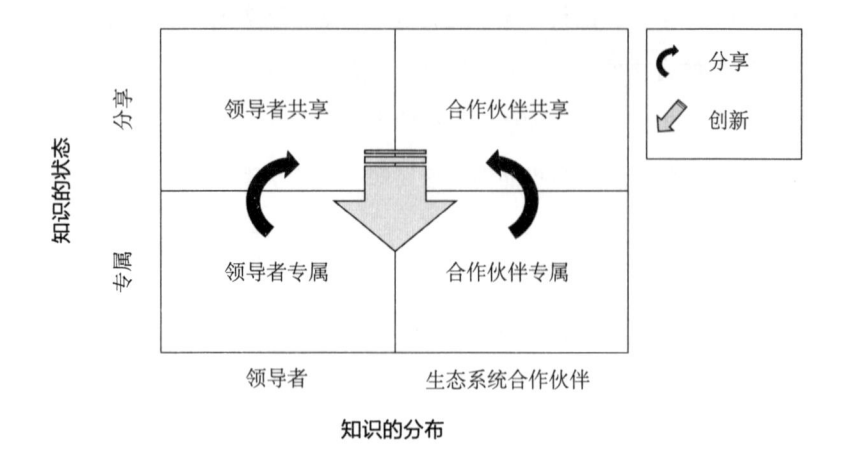

```
                    知识的分布
        ┌─────────────┬─────────────┐   ┌──────┐
   分享  │  领导者共享  │ 合作伙伴共享 │   │ ↻ 分享│
知        │              │              │   │ ⬇ 创新│
识        ├─────────────┼─────────────┤   └──────┘
的   专属 │  领导者专属  │ 合作伙伴专属 │
状        └─────────────┴─────────────┘
态          领导者          生态系统合作伙伴
                  知识的分布
```

图 7-1　生态系统中的专属知识和共享知识

如图 7-1 所示，一个合作伙伴共享的知识可以促进其他合作伙伴的创造性，从而激发生态系统中的进一步学习和创新。共享新知识可以激发整个生态系统的螺旋式创新发展，使其更快地创造新价值，最终使所有参与者受益。另外，假如生态系统领导者或合作伙伴决定保留专有知识，则可以改善自身业务并获取更多利润。

这个难题在生态系统中如果可以管理得当，则可以创建广泛的共享和获取额外知识的良性循环。例如，当阿里巴巴与物流合作伙伴分享有关需求模式的知识时，会鼓励它们投资于新的 IT 系统和算法，以优化分拨配送。这有助于提高物流合作伙伴的效率和客户的满意度。物流合作伙伴的创新还能产生更多的数据，勾勒卖家的整体情况，比如发货速度和信誉水平，以及有关客户退货的数据。然后，阿里巴巴会访问这些有关卖家服务水平的数据，并利用这些数据创建有关卖家竞争力和健康状况的专有指标，从而产生独特的信用评分，这比那些依赖标准金融计量的评分准确得多，而且还可以不断地实时更新。

以这种方式，利用生态系统产生的数据，阿里巴巴建立了一个高利润的新业务——芝麻信用。这项业务的优势在于能够对缺乏信用记录的中小型借款人进行可靠的信用评估，并将评估结果出售给潜在的贷款机构，否则这些贷款机构将难以得到客观的偿还能力评估。

任何生态系统中，这种新知识创造、共享和创新的循环，都可以为合作伙伴带来新的收入和利润，因为这是知识在合作伙伴之间来回流动的必然结果。生态系统的独特优势之一就是它有能力在更高层次上分享生态系统的产出，这种共享可以增强有关各方的创新潜力。

释放生态系统的创造力

一个生态系统的成功最终取决于创新能力。每个合作伙伴的能力、活动和在生态系统中所处的环境各不相同，这种多样性带来了更大和更快的创新潜力。生态系统领导者可以在推动释放这一潜力方面发挥关键作用，这对自身和整个生态系统都有利。要成为生态系统的领导者，需要回答以下6个问题。

1. 你应该创建怎样的机制来鼓励新的知识流入生态系统，进而促进创新？
2. 你如何使用来自生态系统合作伙伴的数据和知识来提升自己的创新能力？
3. 你需要建立什么结构、流程和激励机制来促进生态系统伙伴之间的创新？
4. 你如何促进生态系统的知识共享，以激发生态系统中的创新？
5. 你该如何说服生态系统合作伙伴，通过分享信息，它们可以创造"生态系统级别的产出",使整个生态系统受益,同时不会损害它们自身的利益?

6. 你与合作伙伴分享知识以使生态系统受益,同时必须保留部分知识加强自己在生态系统中的地位和创造利润的能力,在这两者之间,是否达成合理的平衡?

第八章 持续盈利并保证公平

到目前为止，我们的大部分讨论都集中在一个关键问题上，即生态系统领导者如何催化、培育、塑造生态系统，进而持续创造新的价值。这是一件有价值的事，但要让你的公司股东从中受益，寻找到将生态系统变现的方法显然更加重要。在这一章中，我们将讲解通过生态系统，获取越来越多利润的方式方法，以及如何使之具有可持续性，使利润能长流不息，源源不断。

首先要认识到，成功开发生态系统并创造价值是实现利润的必要条件，但并非充分条件。你很可能创建并领导了一个巨大的、充满活力的生态系统，但却不能从中赚钱。在生态系统的世界里，领导力并不是财富的保证。IBM 在个人电脑业务方面的经验最能说明这一点。通过了解 IBM 如何陷入其中，我们可以规避这种陷阱。

在 1981 年 IBM 推出其第一台 PC（个人计算机）之前，家用计算机市场一片混乱、竞争激烈。在此之前的 12 个月中，有 50 多家公司推出了家用计算机，每家都有自己的标准、协议和操作系统。[1] IBM 的加入几乎当即开启了整个行业的变革。它的声誉以及与美国商界的关系确保了 IBM PC 一炮走红。

事实上,IBM PC 有好几年都供不应求,公司无法满足市场需求。于是其他计算机制造商,如哥伦比亚数据产品公司、鹰牌电脑公司和康柏公司,提供次优产品来填补这个缺口,即 IBM 的兼容机。[2] 当时还有其他供应商,如数字设备、惠普和好利获得。供应商都很快转向兼容 IBM 的个人计算机架构、微软的 MS-DOS 操作系统、英特尔处理器,这些已经开始形成一个生态系统。在 IBM 选择微软的 MS-DOS 作为其操作系统不到一年之后,微软已经将 MS-DOS 授权给其他 70 多家公司。[3]

在接下来的几年里,初创企业蜂拥而至,加入 IBM 的生态系统,其中不乏一些大型企业,某些公司的名字已经被人们淡忘,例如 Tecmar、Quadram 和 AST Research。当然,生态系统中其他合作伙伴的规模和重要性也在日渐增长。例如,康柏,后来被惠普以 250 亿美元的价格收购,还有微软。[4] 到 1984 年年中,为家用计算机编写的所有软件中,有 75% 用于 IBM 兼容 PC 和 DOS 的计算机。[5] 兼容 IBM 的系统架构已成为 PC 行业的"主导设计",并且其周围的生态系统已成为市场上最强大的主流力量。IBM 的生态系统已经占据如此重要的主导地位,以至于《创意计算》杂志称:"你不必询问一台机器是快还是慢,使用新技术还是旧技术。第一个问题是它是否与 PC 兼容。"[6] 在引入 IBM 兼容机后的几年中,几乎 PC 架构所有的竞争对手都消失了。只有少数家用计算机(如 Apple II 系列)幸存下来。IBM 已经确立自己在 PC 兼容生态系统中无可争议的领导者地位。

在许多方面,与微软和英特尔合作的 IBM 都是一个出色的生态系统领导者。正如我们在第五章中所建议的，它提供了一个可以提高生态系统效率和发展的框架，包括从芯片的选择到接口（如系统总线），一直到视频控制器，以及操作系统。起初，这为生态系统的领导者带来巨额利润：IBM 在 PC 销售上赚了大钱。但是，到 1985 年，PC 短缺现象结束了。[7] 一批又一批廉价的兼容设备——美国和亚洲公司生产的兼容机产品涌入市场，导致价格暴跌。到 1986 年底，人们可以用几乎 1/3 的价格，约 600 美元买到一台性能与 1600 美元的 IBM 电脑相当的个人计算机。[8]IBM 的利润率大幅下降。IBM 仍然在这个生态系统中处于领先地位，但它已经没有能力将其成功变现。具有讽刺意味的是，它的至少两个主要合作伙伴——微软和英特尔，仍然保持高盈利，同时继续依赖 IBM 在生态系统方面的领导力。

IBM 从 PC 生态系统中赢利的能力再也没有恢复过来。15 年后的 2001 年，IBM 在 PC 业务中亏损 3.97 亿美元，并且在 2002 年和 2003 年继续亏损。2004 年上半年，PC 销售额达到 52 亿美元，IBM 亏损 1.39 亿美元，于是决定摆脱 PC 业务。2005 年 5 月 1 日，IBM 以 12.5 亿美元的价格将 PC 业务出售给中国大型计算机制造商联想集团。在与此次出售有关的证券交易委员会备案文件中，IBM 被迫披露"PC 业务具有经常性亏损、负营运资本和赤字的历史"。[9]

IBM 的经验明确无误地提醒我们，成功领导生态系统不一定会带来赢利的业务。尽管领导了 PC 生态系统的开发，为客户和合作伙伴创造了巨大的价值，但 IBM 未能找到可持续的方式，将生态系统领导者的地位变现。赢利是所有生态系统领导者面临的最棘手的问题。

赢利的三个关键因素

生态系统领导者需要采取实际措施，从它们创建的生态系统中确保获得可持续的利润流。在分析了不同行业的几个生态系统之后，我们发现有些生态系统可持续赢利，而另一些则长期处于亏损。由此，我们确定了生态系统赢利的三个关键所在，如表 8-1 所示。

表 8-1　赢利的三个关键因素

> 1. 你的战略必须确保生态系统为最终用户带来比任何单独的公司所能提供的更多的价值。
> 2. 你需要奠定一块基石：在生态系统中你要拥有某些元素或活动，生态系统为客户创造价值的能力就取决于这些元素。
> 3. 你必须在恰当的地方建立收费站，以此收取生态系统创造的一部分价值。

第一，正如我们在第三章中分析的那样，生态系统必须能够为最终用户提供比任何单独公司所能提供的价值更高的产品。如果生态系统不能以客户愿意支付的价格提供额外价值，那么就意味着没有任何盈余可以分享。生态系统必须先发酵制作利润馅饼，然后再把它切开分享。因此，你需要让一个生态系统有一个创造独特价值的愿景，并且在合作伙伴的努力下加以实现。

目前为止，我们描述的所有成功的生态系统都为客户提供了新的价值。亚马逊和阿里巴巴以极大的便利性、更多的选择和更有竞争力的价格传递了价值。ARM 的生态系统提供了一种灵活、低成本、低风险的解决方案，满足了移动手机制造商的需求，这是英特尔凭借一己之力难以企及的。对雅典娜健康来说，它交付了一款软件组合，并以其他公司无法企及的价格提供给医生和医疗机构。达索系统为许多不同行业创建了定制化的 PLM 系统。

第二，要想从生态系统中获利，你需要找到伊恩斯蒂和莱文在有关生态系统的早期著作中提及的"基石"。这一概念影响深远，指的是你拥有和控制的生态系统价值创造系统中的某项关键元素或活动，生态系统为客户创造价值的能力依赖这个元素。缺乏这个核心元素会使得生态系统无法满足市场，就像圆顶没有了拱心石就会倒塌一样。[10] 基石确保了生态系统持续需要你。IBM 之所以无法使 PC 兼容的生态系统持续赢利，部分原因在于欠缺基石。虽然 IBM 提供了许多使这个生态系统蓬勃发展的元素，包括用于组件之间许多接口的总体架构，但缺少一个专有组件，其他参与者需要通过购买该组件来为自己的客户服务。

为了提供可持续的利润流，基石需要满足某些条件。这些条件与战略理论家杰伊·巴尼提出的四个条件相同，即资源必须满足相应条件才能支撑可持续的竞争优势：资源必须是有价值的、稀有的、不可替代的和难以被模仿的。[11] 只有这样，你才能利用基石攫取利润。

正如我们所见，ARM 的芯片知识产权满足了这些条件，成为真正意义上的基石。ARM 是生态系统为客户提供价值的重要贡献者，这是罕见的，而且几乎无法取代。转向其他选择将需要参与者在培训、工具和流程上做出大量重复性的投资，这使得替代方案成为昂贵的选项。从这个意义上说，这个生态系统的参与者被 ARM 的芯片设计绑架了。为了使利润持续流动，生态系统领导者的基石也必须难以复制。否则的话，有效仿能力的公司很快就会取代生态系统领导者。ARM 的知识产权实际上成为护城河。要模仿 ARM 的芯片设计，需要知识的大量积累，并需要获得有关手机制造商和半导体制造商的技术路线图。这些知识只能在亲密且相互信任的基础上获得，通常建立这样的基础是很缓慢且成本高昂的。

第三，你需要设立收费站，用以分享生态系统创造的客户价值。作为生态系统领导者，你需要建立一种机制来实现赢利，通过为生态系统做出贡献的基石收费。这种机制——可以把它想象成一种类似通行费的设计——可能采取许可证费用、特许权使用费、生态系统中的交易佣金，或者从生态系统合作伙伴提供的产品或服务的销售中分得利润。通行费需要巧妙地收取，让参与者几乎感觉不到它们在付钱，这将减少它们试图绕过收费站的可能性。

由于生态系统的通行费带给生态系统领导者内在激励，这种激励会随着生态系统的扩展而增加。例如，ARM 向生态系统参与者，以及希望获得其专利技术的客户收取一次性许可费，将其对生态系统的贡献变现。ARM 还对其设计的设备在销售时收取专利费。因此，随着生态系统的扩展，ARM 获得了双重好处：当新的参与者加入生态系统时，ARM 的收入和利润会增长；当现有合作伙伴的销售额增长时，ARM 的收入和利润也会增长。

我们可以对比一下 IBM 最初的 PC 生态系统。IBM 制定了生态系统的架构、接口和协议，但缺乏一个有效的收费窗口，能从生态系统产生的利润中分得一杯羹。IBM 的领导和贡献显然为所有参与者（包括用户）创造了价值，但 IBM 很难从其贡献中收取许可证费用。例如，系统架构很难以 IBM 授权许可的方式向参与者收取费用。当 IBM 试图保护其专利和设计时，IBM 兼容制造商找到了替代品，使它们能够绕过 IBM 的关卡。相比之下，英特尔和微软都贡献了可以捆绑成独立组件的专利：中央处理单元和操作系统，这些对系统的功能至关重要。英特尔的处理器和微软的 MS-DOS 操作系统非常适合用作收费站——几乎不可能绕过它们。结果，IBM 领导了 PC 生态系统，但英特尔和微软从其他参与者那里收取了数十亿美元的费用。

做大利润"蛋糕"

根据我们的经验，在生态系统的背景下，当企业高管开始考虑货币化这个问题时，他们的关注点往往是如何瓜分利润蛋糕：他们担心谁从这个生态系统中抢占了利润，以及如何增加自己的份额实现利益最大化。

在传统供应链的背景下，上述逻辑合乎情理。因为在传统供应链中，价格和数量由市场决定，货币化是一场零和博弈。换句话说，蛋糕的大小是固定的，一位参与者得到的部分增加就意味着其他参与者的份额减少。但是企业在选择与合作伙伴结盟，从而创造更多客户价值和扩大利润的生态系统中，零和博弈的观点并不正确。正如我们在本书中看到的，成功的生态系统领导者将吸引更多的客户，鼓励更多的投资，并在生态系统中激发更多的创新。这些因素创造了更多的客户价值，并增加了生态系统利润池的规模。因此，要想成功地将生态系统货币化，第一步就是要确保你坚持不懈地做大蛋糕的规模。这应该是你考虑每项决定的出发点。

对创造附加价值的关注始终应该被放在首位，必须尽量减少对合作伙伴之间利润分配的不安情绪。这似乎有违现实。但请再设想一下，假如 ARM 决定增加半导体制造商的利润，会不会损害 ARM 的赢利前景？如果亚马逊找到办法降低成本，增加其平台上的在线卖家的利润，它自身的赢利能力会缩水吗？答案是非常明确的：不会。相反，这样会鼓励合作伙伴加大对生态系统的投资和扩展。在这个过程中，ARM和亚马逊将得到新的机会，并从生态系统中获取额外利润，而它们的生态系统将变得更庞大且健康。此外，生态系统对合作伙伴的吸引力意味着更强大的竞争力，并很可能伴随着更丰厚的利润。

生态系统领导者的能力就是体现在为这场价值累加的正和博弈（相对于零和博弈）创造条件——在正和博弈中，赢和亏的总和都大于零。作为领导者，合作伙伴能从你的战略实施中获益多少并不重要。决定一项举措是否有意义的准则很简单：这会让生态系统的规模变得更大，更有竞争力，或者对客户更有价值，从而可以为未来创造更可观的利润吗？

在生态系统的世界里，专注于划分蛋糕大小的战略容易使得整个生态网络走向崩溃。限制合作伙伴的收入会打击它们加入这个生态系统的积极性；或者，假如它们已经是合作伙伴，就会阻碍它们进一步投资和创新。生态系统的领导者必须助力它们在为消费者创造价值方面取得成功。

然而，这里有一个重要的提醒。作为一个生态系统的领导者，你不能允许合作伙伴从生态系统中索取的价值超过它们创造的价值，因为这会耗尽生态系统的能量。正如我们在第六章中看到的，领导者的职责之一就是排除那些"搭便车者"，它们获取与创造的价值不对等的做法破坏了生态系统的规则。

确保基石的地位

成功地将生态系统创造的价值货币化的下一个条件是确保你作为基石的地位，让你可持续地获取利润。换句话说，你需要为收费站设置一个不能轻易绕过的壁垒。这通常是一项或多项知识产权的专利，或者是赖以为客户创造价值的基础，即生态系统中最重要的基石。在实践过程中你应决定基石应该是什么样子，以及为了确保利润流，其应具备的特征。

生态系统领导者需要确定什么是关键资产，什么可以让生态系统产生价值，这具体表现为生态系统的其他参与者必须支付的项目：一款组件、一项设计或一种服务。这不是可以免费获得的公共或生态系统的产品。生态系统领导者可能需要提供免费的生态系统产品来促进被更广泛使用，比如接口协议或共享知识。所以如果想要通过生态系统获利，它们还是要将最重要的关键资产出售。

我们还不难看出，生态系统领导者的基石——核心组件、设计、服务或其他形式的知识产权——必须是难以复制的。例如，亚马逊为其生态系统贡献了优秀的物流基础设施和软件。ARM 提供其专有的、低功耗的指令集芯片架构。对于雅典娜健康来说，这是一款基于云计算的计费和业务管理软件。达索系统拥有许多非常强大的专有算法，使快速设计和仿真成为可能。这四种不同类型的关键贡献对于生态系统向客户提供价值是至关重要的，而且很难复制。这种贡献以知识产权为基础，并且重要的是，它们拥有多年的知识和经验积累。

然而，即使有知识产权的支持，也不可能永远保持基业长青，让诱人的利润如山溪流水，源源不断，永不衰竭。只要有足够的资源和时间，对生态系统的任何贡献最终都可以被复制或取代。因此，你需要持续更新和发展你的基石，以便能够不断产生新的和独特的价值来源，而生态系统的参与者也将一如既往地为之掏腰包。

还记得诺基亚的例子吧，它在 20 世纪 90 年代和 21 世纪头十年是手机行业重要的供应商。在1990年后移动电话生态系统的崛起中，诺基亚贡献了许多关键因素，如无线天线、信号处理和高分辨率相机技术。到2008年第四季度，诺基亚及其生态系统占据全球手机销量的40%以上。[12] 然而，当时诺基亚的重要基石已经被模仿和超越。正因为如此，新任命的首席执行官史蒂芬·埃洛普在他写给公司员工的第一份备忘录中说："我们正置身一个燃烧的平台上，四周爆炸声响起。我们被灼烧的痛点不止一处，周围尽是熊熊燃起的战火。"[13] 2007年，苹果推出iPhone后，诺基亚错失了智能手机市场，当时诺基亚已经具备生产智能手机的技术实力。事实上，它在20世纪90年代末已经设计过一些不够完善的智能手机，但从未认识到有必要更新产品。诺基亚战略的另一项缺陷也被证明是至关重要的：它没有意识到，应用程序开发人员是其生态系统中极其重要的合作伙伴，因此必须创建一个基石，这些开发者如果想参与进来，就必须为此付费。苹果以其应用程序商店的形式创建了这样一个基石。缺乏这个至关重要的元素，诺基亚难以控制进入生态系统的应用开发者并收取费用，因此，也就无法保持在生态系统中无可取代的关键基石。几年后，诺基亚几乎完全从市场上消失，剩下的手机业务在2014年4月卖给了微软。

拥有能让你"收取通行费"的基石显然是至关重要的。然而，没有固若金汤的基石。因此，你需要不断更新和扩展基石的价值主张。

规模对利润的作用与局限性

作为生态系统领导者，以基石为中心的生态系统规模越大，你的利润池的规模也就越大。在任何商业活动中，边际成本均会随着规模扩大而降低。ARM 可以比其他公司更有效地分摊设计新架构的成本，因为它的设计已经成为全球标准。亚马逊的规模如此之大，以至于可以从供应商那里获得最好的价格，以及其他优惠条件。生态系统的规模能够支撑全国各地的仓库，分摊最先进的自动化的固定成本，投资于优化物流，使用设置库存水平的先进软件，并能够预测客户订单，以便提前在当地准备库存。

正如我们在前面的章节展示的，由于网络经济，规模化使生态系统对客户和合作伙伴更具吸引力。其中包括更多的产品和服务选择，以及避免受困于单一技术的风险。规模优势使合作伙伴坚持选择生态系统而不是单枪匹马，独自奋战，这就保护了生态系统领导者的获利渠道。例如，只要 ARM 收取的许可费和特许权使用费公平合理，任何移动电话 OEM 都不会冒险使用竞争对手的 RISC 芯片系统结构。因为这样做会弱化 OEM 与半导体制造商的依赖程度，还要重新投资非标准的开发工具和培训，并冒着走进互补硬件、软件或服务不支持的技术死胡同的风险。同样，即使亚马逊选择收取溢价，美国的客户也将继续使用，因为这样做可以享受更广泛的选择，并且与其他电子商务生态系统相比，亚马逊的规模效应使得它能够提供更大的便利。因此，生态系统规模为领导者带来了更高的利润率和现金流。

然而，即使是规模效应，也不能保证生态系统赢利的可持续性。网景公司的"领航员"一跃成为互联网搜索领域最大的生态系统，到 1996 年 5 月，其市场占有率超过 86%。[14] 但仅仅两年后，微软的 IE 生态系统就彻底取代了网景的领导地位，估计其在浏览器使用中占有 96% 的市场份额。导致网景生态系统遭遇滑铁卢的一个关键因素是其被层叠样式表（CSS）形式的技术击倒，在展现更具吸引力的网页方面，层叠样式表能够比 JavaScript 更有效地下载交付。IE 也得益于捆绑到微软的 Windows 操作系统，当时 Windows 操作系统在桌面操作系统市场上占有 90% 以上的份额。

这种模式在浏览器大战的第二轮中再次出现。事实再次证明，规模在保护已建立的生态系统的主导地位方面是无效的。这一次轮到 IE 被推翻了。2008 年 12 月，谷歌推出免费 Chrome 浏览器，一种新的商业模式打破了传统的生态系统和赢利过程。谷歌首创了快速发布的概念，在接下来的一年里发布了 7 个版本的 Chrome，导致 IE 用户和合作伙伴的大量流失。2012 年 5 月，谷歌的 Chrome 浏览器已经超过 IE 浏览器，并占据近 60% 的网络浏览器使用份额，而 IE 浏览器的使用份额则下降到 20% 以下。[15] 2018 年，微软几乎扼杀 IE 浏览器，并在 Windows 10 中用 Edge 取代了它。

利用生态系统中的地位加速创新并更新基石

如果说巩固基石，以及通过生态系统的规模扩大仍不足以维持生态系统领导者的长期利润流，那么还可以做什么呢？在我们研究的每一个案例中都能够发现，生态系统领导者会借助生态系统积累新的知识，然后将这些新的知识用于更新其关键基石，进而维持利润流。作为生态系统的领导者，对生态系统内部发生的事情会近水楼台先得月，这些第一手资料相当宝贵，能让你从整个生态系统的发展中得到持续学习的机会。利用这些重要的学习成果，并据此采取行动，保持比竞争对手、合作伙伴中潜在的篡位者更快速、更有效地持续创新。

当然，这并不是轻而易举就能实现的。生态系统领导者需要坚持不懈地关注如何利用生态系统来积累大量的新数据和知识。然后，你需要有适当的流程来基于所学到的知识采取行动，进而产生创新，巩固基石，最终确保在生态系统中的地位无可撼动。

在以阿里巴巴和亚马逊为首的电子商务生态系统中，交易流程是为生态系统领导者提供信息的宝库，如从买家和卖家的行为到一系列产品和服务的价格、数量和地理位置的变化。可持续赢利的关键在于利用生态系统产生的知识，比其他人更快速、更高效地实现创新。

我们已经看到许多生态系统领导者是如何做到这一点的。正如之前提到的，阿里巴巴的淘宝客使用来自 50 多万个网站的数据来设计广告，这必须根据用户的位置、交易的时间和购买历史，投放用户登录时的广告。为了通过蚂蚁金服发展一项新业务，阿里巴巴发挥支付宝对网站上卖家的了解，其中涵盖了从收入、回报到折扣以及客户满意度等方方面面作为参考。基于从电子商务部门获得的卖家数据，蚂蚁金服能够向缺乏信用记录的中小企业发放贷款。雅典娜健康从医疗客户和合作伙伴的网络中获得数据，协助它们建立 MDP 加速器，从而帮助拥有专业知识和市场情报的初创企业降低进入市场的门槛，推动生态系统的收入和利润增长。同样，汤森路透使用从农民那里收集的数据，对作物产量和价格做出了更准确的预测。

所有这些创新之所以成为可能，是因为生态系统领导者是数据和知识的收集者。正如我们之前讨论的，必须与合作伙伴共享一些数据和知识，以维持生态系统的健康和活力，而其中有一些则应该独自占有。要做出正确的决定，首先要对基石有正确的理解，并准确地识别哪些专有数据和知识是保持领导者地位所必不可少的。

在决定分享哪些数据时，一条有用的经验法则是共享流经生态系统接口的信息，但保留专有数据和有关合作伙伴行为的记录。后两者将使你能够对生态系统的关键贡献做出不断创新。例如，阿里巴巴拥有大量有关特定货物性质，以及货物在各时间点行踪的数据。它乐于与合作伙伴分享这一点，无论是物流供应商、保险公司，还是供应商和最终客户。不过，它没有分享关于买卖双方行为的信息。保留这种信息的所有权有助于阿里巴巴对生态系统的独特贡献，从确保网站优化到评估信用价值，以及持续创新这些关键贡献，最终维持阿里巴巴的利润流。

设计你的收费站

每个生态系统的领导者都有不同类型的收费站，遵循一些原则可以帮助你设计出高效的收费站，并确定它们在生态系统中的牢固位置。最常见的选项包括许可费、使用费和交易费、销售增值服务，以及用数据和知识来创造新的利润流。在接下来的内容中，我们将探讨每种方法的优缺点。

许可费

最显而易见的一种收费机制是向要求加入生态系统的公司收取费用。例如，ARM公司对使用它设计的芯片的公司收取许可费。然而，许可费的一个缺点是对新进入者的负担，这提升了进入门槛，可能阻碍生态系统的发展。当新成员所获得的利益是可预见且明确无误的时，收取许可费则是合适的，但是假如潜在的合作伙伴对确定的收益不认可，许可费的收取会使得生态系统失去一些有价值的合作伙伴。为了解决这个矛盾，ARM向半导体合作伙伴收取一次性许可费，同时免费提供工具和信息，帮助使用ARM芯片架构的开发人员。正如我们之前看到的，ARM 以不同的方式给予刚起步公司这方面的支持，因为它认识到这些重要合作伙伴的潜力。这减少了使用 ARM 技术的障碍，同时也为羽翼未丰的公司节省了加盟成本。

在大多数电子商务生态系统中，阿里巴巴和亚马逊等领导者为卖家、买家和服务商提供免费的使用许可和免费注册。这是因为规模是电子商务生态系统竞争的关键。这些生态系统领导者已经把收费站设在了其他地方，尽量减少进入壁垒。苹果是唯一的例外，在苹果应用程序商店上发布一款应用程序每年需交纳 99 美元。[16] 苹果在智能手机市场上占据了最大的市场份额，这无疑使它有底气这么做。

使用费和交易费

设置收费关卡，可以通过收取使用费或交易费用，从生态系统的活动量中获利，这样还可以使生态系统领导者与合作伙伴的效益保持一致。使用费和其他交易的获利基于一项简单的主张：合作伙伴赚的钱越多，生态系统领导者理应水涨船高，赚的钱也越多。例如，ARM 除了收取许可费外，还对使用其架构的每一块芯片收取使用费（2016 年收取了 160 亿块芯片的使用费）。[17] 同样，雅典娜健康已经将收费对象从软件即服务的销售转变为从生态系统中收取交易佣金（如健康保险公司的报销款）。

亚马逊的收费站还出现在生态系统的各项活动中。对每一笔产品销售，亚马逊根据交易价格，向零售商收取佣金，并对使用其提供的库存服务收费。亚马逊网络服务生态系统会基于进出服务的每字节数据量收取费用，也会对使用的每千兆存储空间收取月租。[18]

阿里巴巴则采取不同的收费方式。在专为小商户设计的淘宝上，卖家和买家都不用交纳任何费用，淘宝的目标是尽可能多地吸引它们，鼓励频繁交易。但是，阿里巴巴在天猫电子商务网站上设置了年度的上市费用，并收取销售佣金，该网站旨在吸引大品牌和大型零售商。这是品牌获得曝光率和销售额的一条捷径。由于天猫生态系统占据中国在线购物市场56%的份额，各大品牌别无选择，只能在那里争取一席之地。

基于交易量的许可费存在潜在的弊端：伴随业务增长，客户和合作伙伴会计算其最终将要支付的总金额——这将是一个令人目瞪口呆的数值。生态系统领导者的应对之道在于强调一个关键点，即只有在它们获得巨大成功的情况下，所支付的金额才会增加。在这种情况下，它们应该是很乐意掏腰包的。

销售增值服务

收费站不一定要位于生态系统的入口，也不一定拦截在必经之路。一些生态系统领导者通过向参与者出售增值服务来实现投资回报——为客户和合作伙伴提供额外服务，开启一条贵宾通道，然后收取增值服务费。例如，淘宝上超过1000万的卖家很可能希望通过付费来提高它们在淘宝搜索引擎上的排名。类似的例子是《卫报》让用户可以免费投放分类广告，但其收入来自出售增值服务，如网站上的特色位置或更大尺寸的广告。

销售增值服务还有一个额外的好处，那就是降低潜在的合作伙伴进入生态系统的门槛。当然，这种类型的收费可能会使合作伙伴不愿意加深与生态系统的合作，限制它们创造新价值的潜在机会。

数据和知识创造新的利润流

新的利润流最充足的来源之一是数据和知识，领导者处于独特位置，可以获取这些数据和知识。正如我们之前所描述的，汤森路透通过激励农民向生态系统提供实时、详尽的作物数据，为交易商提供更好的预测，从而开发了一项重要的收入来源。

阿里巴巴在为淘宝客创收方面则更进一步。它与第三方网站所有者（从社交俱乐部到提供交通时刻表的网站）达成协议，为它们提供链接，将潜在客户引导到淘宝商店。通过汇总、分析属于该生态系统的网站上的用户数据，阿里巴巴能够提炼出买家如何到达卖家虚拟店面的独特见解。阿里巴巴随后为淘宝店主和网站推荐最佳链接。作为提高点击量的交换条件，当潜在客户来自该网站时，店主会向阿里巴巴支付总销售收入的 10% 作为佣金。在收到的佣金中，有 90% 交付给了客户最初进入该生态系统的入口网站的所有者，而阿里巴巴则保留了其余的 10%。销售收入可能一直很低，但是每天有 5 亿到 10 亿用户点击，阿里巴巴由此获得了可观的增收。

除了数据以外，生态系统还可以带给领导者大量的洞悉，这些见解是可以转化为货币的。例如，ARM 的业务主要是为移动电话设计芯片架构。然而，在与高通和飞思卡尔等合作伙伴接洽的过程中，ARM 了解到对平板电脑的需求正在浮现。借助这种洞察力，再加上从其他合作伙伴那里学到的知识，配合了内部技术，ARM 得以为平板电脑设计出新的芯片架构。苹果 iPad（使用 ARM 芯片）发布后，市场开始腾飞，开辟了一条新的收入流。自那以后，ARM 进入一系列新的应用市场，如可用于汽车、医疗保健、基础架构和可穿戴设备的芯片设计。它的下一个目标是利用从现有生态系统中汲取的知识，成为物联网领域的主要参与者。物联网已开始将全球数十亿台设备和机器连接起来。

利用数据和知识创造新的利润流基本上不会有什么风险。唯一的冲突可能来自与寻求类似利润机会的合作伙伴之间存在的潜在竞争，这可能会导致生态系统内部的摩擦。

制造你的获利引擎

设计最大化在生态系统中的地位和投资回报时，最后要考虑的是在不损害生态系统未来的情况下获取利润。冒着危及未来赢利能力的风险，试图在今天就获得最大化利润的诱惑始终存在。作为一个生态系统的领导者，你必须永远记住，企业加入生态系统是出于自身的利益，而不是因为命令。它们需要赚取可预期的回报，否则一定会选择离开。

正如我们在第五章中强调的那样，生态系统领导者鼓励合作伙伴投资改善生态系统，使系统中的每个人都受益，这是至关重要的。我们研究过的所有生态系统领导者，对自己能在不损害生态系统的有效性和限制其潜力的情况下，所能获得的利润都有一个大致的估算。在某些情况下，它们的做法是对使用费和交易费的百分比设置上限，认为这些费用可以在不阻碍客户赢利的情况下收取。在其他情况下，上限需要经过精确分析，例如，合作伙伴是否会认为撇开生态系统单干更加有利可图，这需要预估合作伙伴每次愿意支付的金额。有时，要假设某些情况来预期收费的界限划定。

考虑到生态系统领导者设立的收费站会受到交易、活动和合作伙伴关系的限制，领导者必须使收入来源多样化。这意味着在生态系统的不同节点设计收费站，向每个合作伙伴征收较少的通行费。我们分析的许多生态系统，如阿里巴巴、亚马逊、ARM 和汤森路透，都通过在不同位置设置收费站，并在每个收费站收取少量费用，在从生态系统中获利的同时，不会让合作伙伴或客户有太大的不满。

设计你的赢利引擎，让收益和利润随着生态系统的繁荣和扩张而增长。这是一个值得遵循的原则，避免给生态系统带来固定成本的巨大负担，在生态系统规模较小、欠发达的情况下，这一点尤为重要。

另一个经验法则是对不同参与者收取不同的费用。补贴一部分参与者，并从其他参与者创造的价值中获得更高的比例。对那些贡献巨大，或得到价值较少的参与者收取较低的费用，因为它们可能为生态系统的健康和成功发挥有益作用。例如，阿里巴巴邀请淘宝上的小商家免费加入，可以选择购买增值服务，而天猫上的大型零售商则要支付高额的上市费和佣金。

设计营利战略的问题

虽然生态系统领导者首先需要关注的是使生态系统能够为客户创造价值，并与越来越多的不同合作伙伴建立联系，但最终目标仍是在未来建立可持续的利润流。领导者面临一个重大挑战，即如何在保持生态系统健康和活力的同时将其贡献变现。

要提出可行的获利战略，你需要回答以下 5 个问题。

1. 你是否已经制定可靠的战略，使生态系统创造出比公司单独运营更大的价值，专注于扩大价值蛋糕的规模，而不是过早地决定如何切分蛋糕？
2. 你确定自己对生态系统的关键基石贡献是有价值的、稀有的、不可替代的、难以效仿的,从而使你能够获取可持续的利润流并领导生态系统?

3. 确定了基石之后,你如何利用整个生态系统中的知识和学习,不断刷新基石所产生的价值?

4. 你是否设置了正确的收费站组合,从中获取利润,包括许可费、使用费、交易费、销售增值服务?你是否充分利用了生态系统中产生的数据和知识?

5. 你是在从生态系统的投资、获利中寻找适当的平衡,还是在"榨干"生态系统?

第九章 实现人和组织的共同进化

新的战略、架构和系统都是建立生态系统优势的必要条件,但是只有那些可以启发、激励和指导人们的首席执行官才会使这一切付诸实践。商业领袖,如阿里巴巴的马云、达索系统的伯纳德·查尔斯和ARM的罗宾·萨克斯比能够激励他们的员工和合作伙伴建立生态系统,从而创造巨大的财富。他们组建生态系统从充满着不确定性的起点开始快速扩展,面对变化无穷的经济环境,用大胆创新、灵活应对铺就了成功之路。他们的风格迥异,但有一些共同的方法和特征,我们将在本章中详细阐述。我们将介绍成功的生态系统领导者应有的基本特征。[1]我们也将看到生态系统这一组织需要做何改变,以及领导者如何衡量他们的成功。

领导生态系统始于思维模式的转变

多数管理类图书都会热情赞美领导者,称他们为公司定义了清晰的使命,并为实现该使命制定了相应的战略。但是生态系统战略的不同之处在于其能够突破明确目标的限制,实现尚未清晰的愿景,进而为客户和合作伙伴创造价值。参与生态系统的公司的首席执行官是在另一条道路上经营业务，这超出了公司里一般人的想象。传统命令式的指挥和控制，以及计划系统无法应对新的挑战，你需要一种截然不同的方法。

发挥生态系统的优势意味着要从首席执行官开始，彻底改变所有人的观念。在与数十个生态系统领导者的互动中，我们发现，尽管他们所处的行业不同，但所有人都不同程度地抱有以下四个信念（见表9-1）。

表 9-1　成功的生态系统首席执行官的四个信念

1. 坚信可以为客户创造新的价值。
2. 确信没有哪家公司可以独占所有的价值机会。
3. 吸引、包容和激励那些不是他们公司员工的人。
4. 不懈地致力于扩大整个生态系统的利润规模。

首先，他们坚信可以为客户创造新的价值。马云或许是最直言不讳的生态系统领导者之一。他确信，中国不断壮大的中等收入群体需要有更多便利和更多选择，并通过电子商务找到最优惠的价格。罗宾·萨克斯比相信，假如 ARM 提出 RISC 芯片的全球标准，便可以为客户节省资金，提供更多选择，以及更快地进行技术创新。杰夫·贝佐斯彻底颠覆了图书零售行业，随后又通过亚马逊改变了美国零售业。他深信有机会在按需付费的基础上为公司创造无限扩展的计算能力和相关服务，这一理念成就了后来的亚马逊网络服务。这些生态系统的建造者坚信，他们能够创造价值，即使通往这一目标的道路被迷雾笼罩。尽管存在许多不确定因素，但他们在追求自己的理想时

孜孜不倦、锲而不舍。

其次，他们确信没有哪家公司可以独占所有的价值机会，必须借助整个生态系统的力量。我们研究中的所有首席执行官都确信，他们面临的挑战只能通过合作伙伴的知识、能力和创新来解决。他们还认识到将盟友放到传统供应链里，明确它们的职能，这种方式是难以奏效的。

这不符合大多数首席执行官的思维模式，尤其是大型且成熟的企业倾向于"自己动手"，以此确保有效控制和回报。然而，传统思维限制了合作伙伴为生态系统赋予的能量以及多样化知识带来的收益。而且，这样的思维还妨碍了学习和创新的机会，这些机会是在具有不同优势的合作伙伴彼此互动时产生的。即便是在阿里巴巴这样一家年轻的公司，与合作伙伴的互动也能带来意想不到的好处：马云和他的领导团队现在不用考虑如何实现目标，而只需要抛出一个问题："谁能帮助我们实现这些目标？"[2]

再次，他们关注吸引、包容和激励那些不是他们公司员工的人。经验丰富的领导者都知道如何传达愿景和使命，让员工接受并激励他们去实现。然而，领导生态系统的不同之处在于，你必须驱动和激励的多数人其实并不是在为你工作。领导生态系统的人必须牢记，他们需要领导和激励整个生态系统网络的人，而不仅仅是他们公司的员工。生态系统领导者必须投入相当多的时间来教育和激励那些为合作伙伴工作的人（这项任务我们将在本章稍后讨论）。从这个角度看，ARM的每位管理者都被指派与一位重要合作伙伴的领导者一起工作的做法也就不足为奇了。

最后，他们不懈地致力于扩大整个生态系统的利润规模。传统的领导理念是从客户和供应商那里为公司争取利益最大化，这有助于管理人员职务的晋升。这一理念认为商业活动是一场零和博弈：我们得到的利润越多，其他人得到的就越少。这种想法阻碍了生态系统的创建和运行。开启生态系统的人必须首先专注于如何创建一场正和博弈，即没有人可以通过牺牲他人的利益而使自身获利。生态系统必须为所有参与者创造最大化的价值。

正如我们前文中多次提及的，生态系统最大的优越之处在于：与任何公司单独经营相比，生态系统能够带来更多的价值、快速创新，并且对环境变化做出更灵活的响应。

生态系统扩大了蛋糕的规模，合作伙伴是否比你获益更多并不重要。事实上，这是有益的，合作伙伴得到的多了，生态系统的领导者也会从中受益。你可以通过评价指标来判断生态系统的健康、活力与成功，以及计算公司所获得的收益。这些指标进一步证明，生态系统远胜过单个公司所能取得的业绩，清楚地认识其产生的价值和创新的速度，这对生态系统未来的发展至关重要。正如我们将在第十章讨论的那样，竞争的双方已经从公司之间的竞争转变为生态系统之间的竞争，这便是我们今天面对的现实局面。

从指挥官到协作型领导

用领导一家公司或一个供应链的风格管理一个由不同类型的合作伙伴构成的复杂网络，很可能不会成功，在最严重的情况下，会彻底失败。这是因为传统的领导力通常依赖强加于人的权力，而非作用于人的影响力。在传统的层级制度中，权力通过命令和上下层级来实现。魅力型的领导风格会加强这种权力，这种风格可以吸引而不是命令属下按照领导者的意愿行事。个人魅力或许也会在生态系统中发挥作用，但生态系统建造者不再依赖命令和控制，因为事实上跟随领导者的人大部分并不是他直接雇用的。

要掌握领导生态系统的艺术，首席执行官们有很多东西要向玛丽·派克·福莱特学习，她是 20 世纪早期的社会工作者和管理大师。她将管理描述为通过人来完成工作的艺术，并且相信在一个社区中，人们一起为共同的目标努力工作的力量。她旗帜鲜明地指出，以强制的被动方式和以合作的积极方式从事工作有着根本性的不同，并把领导一个组织或社区看作极具创造性的工作。[3]

领导者在创建生态系统时面临各种挑战，福莱特的经验有一定的借鉴意义。很明显，管理生态系统需要协作式领导：结合协作、倾听、影响和灵活的适应性，而非依赖命令和控制。[4] 生态系统中的领导不必仰仗权力、专业知识、魅力或教条。通常，他们和生态系统内其他合作伙伴视为战友，通过激励生态系统中更广泛的合作来取得成果。

在我们看来，带领生态系统需要发挥四项领导技能：倾听、适应、影响和合作。

倾听

协作式领导者意识到自己不可能是完美的。他们需要一个能力互补的团队。这些能力并不总是很明确，领导者需要鼓励团队成员毛遂自荐，勇于担当。因此，领导者需要密切关注合作伙伴，它们所反馈的信号可能是微弱的，但是必须捕捉这些微弱的信号，以便清楚地认识整个生态系统的现状。

只有领导者关注、了解了团队伙伴，响应其需求，坚定支持努力，才能最终构建生态系统。协作式领导需要懂得建立关系的重要性，与合作伙伴的首席执行官建立信任，在面对市场变化时领导生态系统采取行动。所有这些都需要增强对组织内的人员以及合作伙伴的倾听、理解和感知的能力。协作式领导者在倾听和理解其他首席执行官的观点时必须虚怀若谷，能够接受他们提出的更有价值的观点。

适应

正如前文所讨论的，企业之所以建立生态系统，是因为这个世界的动荡日益激烈且难以预测，商业活动的风险也比过去更高。传统意义上的政府监管，以及不对称信息构筑的壁垒日益减少，而信息源日趋分散使得创新变得更加复杂。生态系统所处的环境越发变幻莫测。

领导生态系统要能迅速适应不断变化的环境。生态系统的创造者必须经常重新思考它们所面临的风险，这种风险会以不可预知的方式发生变化。不过，对不确定的环境做出灵活反应，这正是生态系统的优势。

因此，领导生态系统，就是要鼓励其灵活地做出反应，而不是遵守已定的流程或规范。领导者需要应对的主要风险是生态系统失去活力，这会导致停滞不前。成功的生态系统领导者必须根据系统自组织和协调投资的能力顺势而为，进而成功创造并获取价值。

影响

鉴于传统商业系统中，使用命令与控制方式的局限性，首席执行官们需要善于运用愿景、信誉以及事实的"软实力"佐证他们的观点，进而影响他人。就像社交网络中的好友与大多数脑力工作者，生态系统的合作伙伴更愿意被说服去做某件事，而不是被告知应该去做什么。合作伙伴通常有自己的见解、专业知识和驱动力，所以它们很难接受被吆来喝去。从规模或市场地位而言，生态系统的合作伙伴可能会比领导者强大得多。例如，ARM 生态系统中的许多 OEM 合作伙伴，如苹果和三星，都令其在规模上相形见绌。假如 ARM 发号施令，它们会有充分的理由、数据和知识提出异议。况且今天组织内外部的数据价值不分伯仲，生态系统领导者需要对合作伙伴发挥影响力，而不是试图操纵它们而引起不满和矛盾。借助这种影响力，可以汇聚比任何一家公司都强大的能力和经验。

合作

最后，生态系统中的领导力就是聚合一群伙伴的力量去实现愿景：发展合作伙伴，释放它们的价值，并实现变革。要取得成功，首席执行官必须促进合作伙伴间的持续协作和相互学习，向生态系统传递具有吸引力的愿景。生态系统领导者不应成为经纪人或中介，他们要确定结构和激励措施，鼓励其伙伴紧密合作。

这些要求意味着，生态系统领导者必须投入生态网络建设，并促进合作伙伴间的协作，从而建立良性互动。合作伙伴之间的每次接触都应该能促成进一步的合作，而这种合作并不会自然而然形成。在时间和预算紧张的压力下，企业领导者有时会想要脱离生态系统，自行开展计划。具备合作精神的领导者会说服其他首席执行官应对单打独斗的诱惑。

超越协作式领导的局限

倾听、适应、影响和合作是领导生态系统所需的必备条件,但高管不应忽视这些必备条件的局限性。典型的协作式领导也存在缺陷:倾听可能会演变成犹豫不决,适应则可能使组织陷入僵局,影响可能会转变成操纵,合作可能会退化成拖延。

为弥补生态系统中典型的协作式领导的缺陷,我们提出四项额外的领导能力:承担超越组织边界的责任,达成共识,发展社交网络,以及应对困境。

承担超越组织边界的责任

生态系统领导者的职责范围并不局限在组织内部。在生态系统中,组织的边界在权力和责任方面都是模糊的。当生态系统不能达到消费者的期望时,消费者并不太关心生态系统中的哪个节点出了问题。就像内阁中的部长或董事会中的董事一样,每个人都平等地分担责任。因此,生态系统领导者不仅要对组织内部发生的事情负责,还要对合作伙伴的活动和沟通负责。生态系统领导者要求首席执行官把沟通渠道落实到位,建立监控系统,必要时还应采取制裁措施,这样才能够带领合作伙伴超越组织范围。

达成共识

要求生态系统合作伙伴采取行动,需要获得大多数(有时甚至是全部)合作伙伴的同意,在实施决策之前与大多数人达成共识。如果缺少这种共识作为基础,倾听和影响都将化为乌有。生态系统领导者要运用各种手段,让成员在各个事宜上达成共识,从机会的本质,到行为和价值观，再到实践中的行动计划。

但是达成共识的过程伴随着风险：很可能只能在合作伙伴中达成最基本的共识，接受次优的决策。

生态系统固有的优势之一就是多样性，正因为如此，在生态系统中达成共识变得困难。只有高管接受并容忍文化和背景的差异与多样性，才能够提高决策质量。[5] 假如仅仅出于情面或政治导向的考虑掩盖个人或公司之间的差异，则无异于掩耳盗铃。积极面对和解决差异的领导者优于固执己见的人，他们将获益于更广泛的多样性。

求同存异的领导者会用各种方式达成共识，进而增强创造力、创新能力和互补性，这些是每个生态系统存在的根本。

发展社交网络

生态系统领导者必须懂得如何在网格化环境中工作。发展网络的规模将大大提高其工作效率，清楚了解生态系统内外发生的变化。马云、伯纳德·查尔斯和罗宾·萨克斯比都是精通经营网络的人，他们知道如何宣传自己的观点，如何保持在网络中的形象和维持与外部的关系，以及发现外部信息并将其反馈给生态系统。

为了维持生态系统，领导者需要为社交网络做贡献，同时从中汲取价值。使网络成为可信赖的知识和信息来源可以建立声誉，这种声誉是其通过网络关系获益的前提条件。

应对困境

正如我们已经看到的，在生态系统中保持领导地位充满挑战。[6] 应该将在生态系统中学到的知识占为己有，还是与合作伙伴分享？应该自己完成一项创新，还是把它留给合作伙伴？应该在什么时候放弃现有的利润流，转而寻找新的收益？最好的方法不是"非此即彼"，而是"两者兼顾"。生态系统领导者和合作伙伴都必须保护各自的知识产权，在不拘一格思考的同时保持与团队的一致性。领导一个生态系统需要软硬技能的结合。首席执行官必须重视经验，同时在实践中挑战经验。他们必须为自己的组织创造财富，也应当在合作伙伴之间公平地分享价值。

当然，面对困难总是不舒服的，但在生态系统中别无选择。首席执行官必须学会一些保持灵活性的方法和技巧，以有效地领导生态系统。[7]他们必须接受矛盾，接受可能彼此冲突的目标来拥抱冲突，在保持创新和维持效率之间达成平衡，在尊重每个合作伙伴的前提下，为它们寻找到一个总体能接受的认同感和目标。

与多数商业领导者的工作习惯相比，这些特征构成了不同的领导方式。并非所有领导者都能以这种新形象重塑自我。基于现有的领导能力，还是需要不断学习。有些情况下可能需要聘请专家，辅助首席执行官开展工作。

协作式领导的成本或许会很高。处理与合作伙伴的关系往往成为生态系统首席执行官的主要工作。像 ARM 的罗宾·萨克斯比和达索系统的伯纳德·查尔斯这样的人要花大量时间处理生态系统主要合作伙伴的事务。他们相信处理好与合作伙伴的关系是公司成功的前提。考虑到需要在生态系统上投入的时间，你必须像俗话所言："这是一场值得付出努力的游戏。"

组织的重构

传统企业被设计为涵盖研发到销售的一系列垂直整合的架构。结构、流程甚至文化都是为此精心打造的。然而，对商业生态系统中的领导者而言，这样的组织结构并不理想。

我们的分析指出，生态系统的领导者必须做三件事（见表9-2）。

表9-2　重构组织

- 客观上让组织致力于最擅长的事情
  - 为了维持领导力，需要保留部分知识或信息，从而保持在生态系统中的影响力。
  - 控制和管理合作伙伴的成本，加以酌情取舍。
  - 假如让合作伙伴开展某项活动所需的投资太高，则将该活动留在公司内部。
- 建立能够与合作伙伴有效沟通的组织
- 让员工为合作式竞争做好准备

客观上让组织致力于最擅长的事情

在商业活动中，领导者应该决定价值链上的哪些活动应该留在内部，哪些则应该外包。决策通常基于明确的标准：谁能以最低的成本、以合格的质量完成工作。在生态系统中，这项决策的标准依然如故，即公司要保留哪些活动，而将哪些活动留给合作伙伴。不过在生态系统中，还需要综合考虑其他一些因素。

除了合作伙伴能否以更低的成本保证品质之外，还有另外三个因素要加以考虑。第一，生态的构建者必须评估在组织内部保留这一项目是否重要，因为这或许是知识或信息的重要来源。这对于维持收费站，产生可持续的利润流是至关重要的（正如我们在第八章中讨论的）。ARM为我们提供了如何做出选择的最佳实践。它不会把与

OEM 的互动留给合作伙伴。这些交互过程是理解客户路线图的关键，能够指导其 RISC 芯片架构的设计。同样，亚马逊网络服务在内部保留维护服务器基础架构的能力，部分原因是这样做可以跟踪客户的需求模式，并据此对服务定价。与此同时，它将获取客户、系统上线以及服务交付这些工作留给合作伙伴，因为这些工作不是维持亚马逊在生态系统和利润流中地位的核心部分。

生态系统领导者面临的另一个问题是，由于这样或那样的原因，公司几乎每个部门都会认为，它们所从事的工作是企业的核心。从它们的角度看，自己部门的缺损会有损于企业的核心竞争力。然而，生态系统领导者必须超越内部分歧，制定维持其影响力和利润的措施。这需要绝对客观。

第二，生态构建者需要考虑监督合作伙伴的成本。在某些项目中，绩效评估相对容易，而在其他方面，如对员工的工时和工作量的评估则开销巨大。假如监督成本持续上升，那么组织应该将这项任务的执行放在公司内部，从而实现更好的成本效益。

第三，让生态系统合作伙伴跟上步伐可能需要很大的投资。这取决于合作伙伴已经具备的能力和知识，它们对生态系统的贡献，以及与生态系统领导者沟通交互路径的难度。为确保有效协调，生态系统领导者的员工必须投入时间来指导合作伙伴。这使得发展合作伙伴的成本上升，专有知识泄露的风险也会增加。当为了引入合作伙伴所需的投资成本上升到一定程度时，计划会被取消，项目可能被转向内部执行。

在决定从事哪些项目，把哪些项目留给合作伙伴时，生态系统领导者应该从四项对峙的力量中寻求折中：

- 合作伙伴以低廉的成本开展某项业务，而且该业务具备创新特质；
- 决定要把业务留在企业内部，以有利于积累知识、提供情报并产生利润；
- 将活动留给合作伙伴，评估和监督其绩效要耗费一定的成本；
- 使合作伙伴快速地自行找到该义务所需的投资。

虽然上述许多成本与收益难以衡量，但是必须权衡内部自行经营与利用合作伙伴获得的收益之间的差异。领导者必须客观专注于自己最擅长的领域，保持在生态系统中的赢利能力，否则将白白浪费生态系统战略的收益。

建立能够与合作伙伴有效沟通的组织

生态系统的生产力取决于合作伙伴有效交流知识、协调活动，以及共同创造，适合的接口对此至关重要。然而，大多数组织没有创建生态系统的接口。在垂直整合的公司，或者传统的供应链中，公司不是通过生态系统获益，同样也不用承担责任。因此，在创建生态系统时，制定适合的接口往往是首要任务。

我们看看 ARM 如何建立有效管理接口的组织架构。ARM 将销售岗位从合作伙伴管理中分离出来，并任命专门的高管与合作伙伴互动。每家公司都需要进行重组，这取决于生态系统的性质，以及如何确保其平稳运行。

在考虑组织需要如何改变时，应该参考这些经验。当领导者和合作伙伴之间有太多要交换的隐性知识时，有必要建立特定的团队。假如每位成员要花大量时间与合作伙伴一起工作，那么团队的规模可能需要扩大，让每个成员集中精力与合作伙伴工作，并与它们建立良好的信任。如果与合作伙伴的文化或背景存在差异，可能影响沟通，负责该事务的经理人必须在特定时期内与合作伙伴积极沟通。特定行业的知识有时是很重要的，合作伙伴管理团队需要安排有行业经验的经理人。[8]

有时，类似经验的互补能够提升合作伙伴的参与度。例如，ARM 发现，在和合作伙伴交流复杂的技术知识时，相关方有相同教育和培训背景的工程师是首选，他们能确保有效交流和合作。事实上，如果能合理安排上述人员，那么建立远程的合作伙伴管理团队就能完成任务。与之相似，对于从事知识整理和记录的合作伙伴而言，用一个规模不大的部门来管理它们就足够了。于是，ARM 为这些合作伙伴建立了一个小团队，开展在线工作，免去了面对面的交流接洽。

让员工为合作式竞争做好准备

生态系统中的合作伙伴既合作又竞争。例如，与合作伙伴可以共享某些知识，但保留其他重要数据的所有权；执行已经制定的某些战略措施，即使这会侵犯合作伙伴的部分业务；共同致力于创新产品，但仍然会在市场上与合作伙伴竞争；等等。合作式竞争的影响往往十分隐秘，且不容易察觉，要加以适应就更难了。因此生态系统领导者应该让员工认清这一形势，并做好必要的准备，在模棱两可的情况下义无反顾，当机立断，做出正确的决策。

首先要明确传递出合作与竞争可以齐头并进的信息。如果有助于生态系统的繁荣，那么将潜在利润拱手让给合作伙伴，或限制自身对其业务的侵占可能是一件有意义的事。面对这样的选择，生态系统领导者应时刻提醒企业内的高管和经理人始终以大局为重。

在日常决策中落实这种思想时，管理人员需要指导方针和流程的支持。修改流程是组织内部重组的一部分，以便能够有效地领导生态系统。这包括在组织内建立"防火墙"，使有关一个合作伙伴的机密信息不会泄露给其他人。同样，有必要事先与合作伙伴就如何共享任何合作开发的知识产权的所有权达成一致，可能包括对敏感数据进行匿名汇总处理。

监控系统的运行绩效

高效的领导工作应该密切关注绩效并做出反馈。生态系统的优越之处最终体现在衡量公司业绩的标准上：收入、利润、现金流和股东回报。同时，生态系统的领导者还要前瞻性掌控生态系统的健康活力和各项指标，以超越公司自身绩效的豁达心态指导工作，全面认识生态系统所创造的整体价值。关心生态系统的创新速度对未来的发展至关重要。

与定义阶段性绩效的传统方法不同，生态系统战略是用来实现不确定的愿景的。因此，虽然对商业机会的理解保持不变，但用于把握机会的组织架构和方式方法可能会频繁变更。很难在开始时就设定标准，而应该在循序渐进的过程中确认生态系统的特定流程是否在稳定推进，以此作为评价的标准，所以，使用传统的方法难以衡量生态系统的绩效，如果生态系统开始沿着不同的路径发展演化，很可能是生态系统对变化的环境的正确反应。这就是为什么成功的生态构建者所着重关注的是健康与活力等指标。假如生态系统中的学习、创新或增长显示出迟缓的迹象，运行过程中出现僵化，或是在追求新机会的过程中优柔寡断，失去进取精神，开始不能适应环境的变化，这些才是真正危险的信号。

有三个指标可以衡量生态系统是否健康，并且可以评价其发挥的作用（见表9-3）。

表9-3 衡量生态系统的三个指标

- ● 对合作伙伴的吸引力
  - ■ 合作伙伴加入和退出的数量
  - ■ 合伙伙伴的财务业绩
  - ■ 客户黏性
- ● 学习与创新
  - ■ 知识产权创建与创新的产生
- ● 生态系统网络的灵活性和发展指标
  - ■ 创建新的联系
  - ■ 深化现有关系
  - ■ 内部小圈子的发展
  - ■ 自组织程度

对合作伙伴的吸引力

生态系统对领导者与合作伙伴是否具有吸引力，最简单的指标就是在一定时期内，有多少公司加入和退出该网络。假如新签约的公司很少甚至没有，而现有合作伙伴持续退出，领导者要反思其中的原因。当然，生态系统或许一切都很正常，只是有少数实力强大的伙伴正在取代数量较多而实力较小的合作伙伴。

但流失也可能表明生态系统处于衰退状态。新的合作伙伴带来新的能力、思想、知识和关系，它们推动了规模化和网络效应，这对于维持生态系统的活力和竞争力是非常关键的。假如生态系统中的合作伙伴数量正在减少，则应当引起生态系统领导者的格外关注。这表明合作伙伴认为领导者没有提供足够有力的价值主张，它们更希望加入另外的生态系统。

有些生态系统领导者不反省为什么有些公司不愿意加入或留下来，而是错误地将其视为一个信号，表明必须对生态系统施加更多控制。这样做很可能适得其反，使得情况更糟。一个典型例子就是塞班生态系统的发展过程。[9]2008 年 6 月，诺基亚宣布成立一个独立的、非营利性的塞班基金会，以催化塞班手机操作系统的生态系统。这个网络的核心是一个免版权费的开源软件平台，基于诺基亚及合作伙伴，如 NTT DoCoMo、三星、索尼爱立信和摩托罗拉贡献的代码。最初，这个生态系统蓬勃发展，塞班作为主流操作系统被安装在全球近 2/3 的手机上。然而，在接下来的几年里，诺基亚的合作伙伴，如三星和索尼爱立信，开始抛弃这个生态系统。诺基亚没有意识到，这是由于合作伙伴没有按照它的要求，将塞班操作系统整合到新一代产品中。同样也没有意识到的是，随着合作伙伴为新手机设计添加了大量的功能应用，对新操作系统的需求正在迅速升温。塞班已经落后，因为它没有正确评估生态系统是否处于良好的运行状态。2010 年，当诺基亚承认生态系统陷入严重困境时，它的对策是接管塞班生态系统。

这似乎是领导者为了拯救生态系统而采取的利他行为。事实上，这让事情变得更糟。诺基亚对塞班的控制使得合作变得更加缺乏吸引力——无论是对现有的合作伙伴，还是对潜在的合作伙伴。塞班的全球市场份额持续下滑，到 2010 年底跌至 30% 以下。于是，塞班的应用程序开发人员迅速退出这个生态系统。2011 年 4 月，诺基亚已经停止对该生态系统的投入，并将其与生态系统的联系缩小到只有一小部分日本的合作伙伴。与此同时，谷歌的安卓生态系统快速崛起，从最初的 47 家伙伴发展为 84 家。这些合作伙伴包括硬件制造商、软件开发商和应用程序开发者。2010 年底，安卓已经超过塞班的市场份额，现在已经成为操作系统市场的两大主导性生态系统之一。

判断生态系统合作伙伴健康状况的另一个方法是了解它们的收入、利润、赢利能力和现金流的增长。如果这些参数表现良好，表明生态系统处于健康状态。一些基于传统供应链思维的高管可能会说，公司给合作伙伴留下了太多的利润。但是，生态系统的首席执行官需要看到更广阔的前景：欣欣向荣的合作伙伴更愿意投资、创新和合作，从而提高生态系统的能力。当然，生态系统领导者也必须确保设立的收费站能有效获得利润。合作伙伴良好的表现这一事实，证实了生态系统正在朝着健康的方向发展。

生态系统领导者应尽可能跟踪生态系统的运转、市场份额和客户黏性等参数。新客户的净流入，尤其是忠实的新客户，表明了生态系统正在源源不断地创造新的价值。

学习与创新

生态系统健康度的第二个判断依据是合作伙伴学习和创新的进程，以及创造新价值的速度。虽然学习和创新的绩效难以度量，但生态系统的领导者可以追踪一些替代指标。首先可以收集生态系统产生的知识产权，比如批准的专利数量、注册的商标和版权数量。方法是通过整个生态系统或合作伙伴网络来计算上述数据，假如这些指标能够与竞争的生态系统加以比较，那么这将会更有价值。[10]

生态系统健康的其他定量测量方法还包括生成的数据类型、分析得出的见解，以及生态系统领导者的数据运用和洞察力。为了真实地了解生态系统中的学习和创新，应该对生态系统产生的知识进行定性评估，还要估算生态系统领导者得到的知识。这种度量需要借助一个系统，定期评估组织从与生态系统合作伙伴的互动中学到的知识。这是一个难以精确化的工作，但领导者不断地掌握生态系统的创新程度并加以充分运用是很有必要的。

生态网络的灵活性与发展指标

生态系统的优势在于，能够随着市场环境灵活变化和发展，因此首席执行官必须掌握生态系统发展的节奏。要做到这一点并不容易，有四项定性指标可以作为参考：

- 合作伙伴之间以及与领导者之间建立联系的深度；
- 合作伙伴之间的互动程度；
- 合作伙伴中，是否有新的合作小圈子形成；
- 领导者在推动生态系统发展的过程中逐步淡化，实现生态的自我组织。

正如我们之前看到的，在阿里巴巴，这些指标受到了重视。2005年，这些指标都呈上升趋势，这是成功的标志。在通过与合作伙伴推动中国物流行业发展之后，阿里巴巴发现物流供应商接过了接力棒，建立了新的连接，改善数据交换，并投资于新的能力。因此，阿里巴巴得以退居幕后，将自己定位为推动者。跟踪这些指标还可以发现生态系统发展不充分的地区。因此，在洗衣机和冰箱等白色家电的配送方面，阿里巴巴发现合作伙伴的能力有限，并加强了在这一领域的工作，与中国最大的家电制造商海尔建立了合作伙伴关系，发展出更强大的物流配送能力。

获得对生态系统动态的可见性比在单个组织的内部——无论多大的组织——要困难得多。但是，尽管存在这些挑战，将时间投到持续监测生态系统的健康发展上是很有意义的。

生态系统领导力蓝图

为了确保首席执行官迎接领导生态系统的挑战，他必须回答以下五个问题。

1. 我是否以正确的心态面对挑战？是否相信：
   - 有巨大的机会可以创造新的价值；
   - 没有一家公司，包括我的公司，能够独享如此巨大的机会；
   - 成功的关键在于吸引和激励那些不为我工作的人；
   - 重点在于做大生态系统蛋糕，而不仅仅专注自己得到的份额。

2. 我是否已经具备领导生态系统所需的技能？这包括：
   - 倾听；
   - 适应；
   - 影响；
   - 合作。

3. 我能够超越协作式领导的局限吗？
   - 为组织以外的决策承担责任；
   - 建立共识；
   - 投资开发我的社交网络；
   - 解决难题，比如哪些知识应该保密，哪些知识与合作伙伴分享。

4. 我能否重塑组织，使其具备领导生态系统的能力？可以通过以下几个方式：
   - 专注于自己最擅长的领域（做哪些方面的工作来保持在生态系统中的影响力）；
   - 与合作伙伴建立接口；
   - 让员工接受合作式竞争。

5. 我能够使用指标来监测生态系统的绩效吗？包括：
   - 加入和退出生态系统的合作伙伴的数量和重要性；
   - 生态系统的创新速度；
   - 生态系统的灵活性和演化，包括合作伙伴之间，以及与领导者之间联系的数量、质量；
   - 公司是否有能力随着生态系统的发展重新扮演赋能者的角色。

第十章 未来的竞争

尽管未来难以预测，我们仍相信，自 21 世纪初以来使生态系统具有吸引力的三种趋势汇聚在一起，影响力越发强大。无论是 B2C 还是 B2B 的商业模式，客户都会对解决方案提出更加苛刻的要求，这是任何一家大规模的企业都难以独自满足的。随着数据和知识的普及，更多的行业将面临来自标准化商品的挑战，学习和创新将成为企业生存的决定性因素。随着信息和通信技术的不断改进，与世界任何地方进行联系和合作的机会都将会扩大。因此，构建生态系统（而非供应链）成为竞争的一种形式，这是本书的中心论点。[1]可以预测的是，未来市场中的生态系统将越来越多地涌现。

生态系统之间的竞争将成为常态

这已经发生了。亚马逊网络服务生态系统正在争夺快速增长的云计算市场的领导地位，与由微软、谷歌、IBM 和威瑞森领导的生态系统展开竞争。另一个例子是亚马逊正在逐步形成的自动交付的生态系统，该系统试图率先在快递领域使用无人机，并与亚马逊、丰田、必胜客、优步、马自达以及滴滴出行等公司合作开发自动驾驶送餐车。这与谷歌的母公司 Alphabet 以及包括 Waymo、nuTonomy 和来福车在内的生态系统形成了竞争格局。同时，亚马逊还面临中国最大的搜索引擎——百度所建立的阿波罗生态系统的竞争，该生态包括了 Udacity、微软、Infineon、TomTom、戴姆勒、福特和沃尔沃等 90 多家合作伙伴。[2]

在即将到来的生态系统激烈竞争的时代，不仅仅是客户将享有更多的选择权，潜在的合作伙伴也有更多的选择权，决定加入哪个生态系统。有些企业可能很幸运，能够越过生态系统的竞争，把鸡蛋放在不同的篮子里。但这通常难以做到，合作伙伴为了从共享学习和创新机会中受益，通常需要选择一个与之匹配的生态系统。

生态系统的兴起还将使我们改写竞争规则和战略，新的规则在迈克尔·波特的开创性著作中有详细表述。[3] 典型成本领先战略建立在企业生产的产品和服务数量的增长之上，借助规模经济将成本降低至竞争对手的下限，但这种竞争方式终将被取代。在竞争激烈的生态系统世界中，成本优势将来自聚集整个合作伙伴网络的规模，巨大的规模可以分散设计、创新、生产、分销等方面所花费投资的固定成本。网络经济的能力将变得关键。ARM 在设计和提供 RISC 芯片系统架构方面取得了领先的成本优势，该系统架构已占全球手机出货量的 95% 以上。

如今，传统的差异化战略——企业在研发上的支出，科学家和工程师的生产力，以及营销人员在打造品牌时的敏锐度——也必须重新改写。正如我们所看到的，在生态系统的世界中进行创新竞争，关键在于利用整个生态系统中产生的学习成果，为自己企业的创新提供动力,并支持合作伙伴的创新。自己品牌的力量很重要。但是,如何利用合作伙伴驰名品牌的光环效应将变得更加关键,尤其在生态系统开发的早期阶段。例如,阿里巴巴的天猫就拥有巨大的优势,因为它聚集了全球近25%的奢侈品品牌。如今,阿里巴巴正进一步发挥这项优势,在天猫内部建立一个专门针对奢侈品牌的虚拟"奢侈品馆"。为了增加排他性,只有被选为VIP(贵宾)会员才能使用这项服务。[4]

在波特的描述中,传统的"专注"战略意味着瞄准一个狭窄的细分市场,量身定制产品以满足需求,并忽略其他细分市场。[5]这包括将产品精简化,使细分市场愿意为其独特性支付溢价,或者将产品组合裁剪到只包含某些特定的型号。这些举措使公司通过满足特定的客户需求,或削减成本来实现差异化。相比之下,生态系统能够实现专注和业务聚焦,同时为有着差异化需求的客户量身定制。这是因为在专注的同时,能够依靠不同的合作伙伴,提供与自己核心竞争力配套的定制化产品,满足特定客户群体的需求。合作伙伴具有互补的功能和能力,再加上网络经济,使该生态系统能够在保持低成本的同时,实现定制产品的广泛化。

最近,许多公司试图将典型的竞争战略与更高的敏捷性相结合。许多管理图书对如何实现这一点提出建议,如从变更管理计划到创建灵活组织的建议。[6]然而,生态系统对敏捷性有不同的认识。灵活性源于生态系统具有自组织能力,随着环境的变化,合作伙伴出于自身利益而调整它们的战略,就像市场中的买家和卖家一样。生态系统的领导者不满足于自己的组织更加敏捷,而是发挥生态系统的自组织能力及其背后的生态网络,使其变得更加灵活。

随着生态系统之间竞争的加剧，新的竞争规则对生态系统领导者的要求会更高。发现新的价值来源、研制独特而具有吸引力的产品将会更有压力。合作伙伴会评估加入生态系统是否能带来利益，以及各个生态系统价值主张的优劣。生态系统领导者对合作伙伴的价值定位必须是卓越的。在生态系统之间的竞争中，领导者启动良性合作循环的速度和扩展生态系统的速度至关重要。那些领先网络经济的公司将会迅速发展，形成一个赢家通吃的局面。要保持生态系统领导者的霸主地位，生态系统产生的学习和创新的规模，以及生态系统掌握新知识的能力将是竞争的核心。生产力和效率较低的生态系统将难以与之抗衡。掌握上述这些战略与能力在未来将变得更加重要。

在促进生态系统发展时，企业领导者必须牢记，生态系统是在不断演变进化的，遵循一个自然进化的周期，这对于精细化的管理工作颇为重要（见表10-1）。

表10-1 生态系统战略正在改写竞争规则

竞争优势	企业间竞争	生态系统的竞争
成本优势	内部的规模经济	合作伙伴之间的网络经济
差异化	基于研发和企业内部的创新营销和品牌建设的力度	基于在生态系统中产生的学习创新 利用合作伙伴品牌的光环效应来增加品牌的知名度
聚焦	专注于优化产品和产品组合	借助合作伙伴来扩大业务范围
敏捷性	组织的变革、管理和重组	发挥生态系统的自组织能力

生态系统的进化

生态系统会经历三个阶段。在第一阶段，生态系统领导者找到机会，吸引主要的合作伙伴和客户，开启良性循环，借此来发现可以提供给客户的新价值来源。在第二阶段，随着新的合作伙伴和客户加入网络，生态系统开始扩大。不同能力的合作伙伴以新的方式融合在一起，知识、实验、共同学习和创新的交流将达到顶峰。在第三阶段，商业生态系统中的不同角色变得更加清晰。合作伙伴开始专注于从事某些商业项目或细分市场，它们之间的接口和信息流将趋于形式化。此时，追求更高的效率成为优先考虑的问题，而生态系统中的创新可能会逐渐减少。生态系统中最成功的合作伙伴开始从那些不太成功的合作伙伴那里赢得市场份额和影响力，逐渐主宰细分市场。

在整个周期中，生态系统领导者的优先事项和投资的优先级将会被改变。在第一阶段，重点将是吸引合作伙伴，与潜在客户合作，支持市场拓展，鼓励合作伙伴开发互补性的产品和服务。在第二阶段，生态系统领导者必须提供清晰的路线图，帮助网络扩展，促进合作伙伴之间的联系和知识交流，投资鼓励创新，并着手治理流程。

随着生态系统进入第三阶段，生态系统领导者到达关键点。随着合作伙伴发挥的作用变得愈加稳定，它们之间的接口变得更加标准和结构化，当主导技术和架构出现，市场日益成熟时，生态系统作为组织竞争形式的优势可能会开始消失。这些都会减少对灵活性和适应性的需求。生态系统可能会持续存在。但是，在稳定的环境中，不确定性很小，只有渐进式创新，因此生态系统的效率会低于供应链。于是，对于生态系统领导者而言，将网络转变为传统的供应链，与关键的生态系统合作伙伴建立合资企业，或者收购合作伙伴来创建一个垂直整合的组织，这些都是很有意义的。

转向传统的供应链

一旦生态系统中的成员职责变得清晰，并且每项流程中都出现了专属的合作伙伴，向传统供应链转移可能会使得生产运行更加协调、更加有效。亚马逊传统电子商务的发展方式便是一例。由于不确定性的减少，亚马逊可以制定供应合同和服务水平协议来确保合作伙伴履行职责。同时也就减少了"吃白食"的可能，这种风险是合作伙伴之间的关系导致的。合作伙伴之间信息交换的规范化使亚马逊可以无缝部署 IT 系统，来监督和协调向客户交付产品或解决方案过程中的价值链。沿着供应链引入需求规划与协调系统将消除不必要的瓶颈，从而减少不确定性。

以上这些结构不适用生态系统生命周期的前两个阶段：随着新合作伙伴的加入，角色和关系发生改变，合同变得不切实际；考虑到在共同创新过程中产生的信息和知识流，标准化接口和严格的 IT 系统对接将会有所局限。当生态系统成熟，最佳的结构方式已经定型，而且变得更清晰时，建立正式关系，并引入标准流程能够显著改善效率。因此，此时生态系统领导者可能会决定，将生态系统或者至少是其中的主要部分转变为典型的供应链。

重新定义与生态系统合作伙伴的关系，使之更趋近于传统供应链，这需要谨慎的过渡管理。特别是必须解决三个问题。第一，领导者及其合作伙伴必须接受重新定义的必要性。理想情况下是达成共识，让生态系统中的各方认清新关系是一种更好的战略部署。

第二，在重大变革过程中，关键成员必须支持新的安排。这就需要向员工表明他们在新的职位上将得到更好的职业发展机会和更高的回报。如果做不到这一点，员工就会从生态系统的领导者和合作伙伴中流失，这将对企业造成损害。

第三，新的关系必须尊重生态系统的历史遗留问题。在生态系统的整个发展过程中会产生某些承诺，形成某些期望。这在新格局中应当得到尊重。随着时间的推移而自然形成的非正式安排需要重组和正式化。例如，对于通过共同创新开发的知识产权的所有权需要谨慎处理。感知上缺乏公平，以及模棱两可造成的误解，都有可能破坏合作关系，进而影响向用户交付产品和服务。

汇聚成一家合资企业

生态系统领导者的另一种方法是，将关键合作伙伴关系整合为一家合资企业，作为网络中的运营核心。与形成传统的供应链相比，用组建合资企业的方式来整合松散的关系会带来更多优势。合资企业把各方紧密地联系在一起，形成一种长期关系。这排除了主要合作伙伴转向生态系统竞争对手的风险。同样，建立合资企业可以享受独家经营权，以避免主要合作伙伴与竞争对手合作。

合资企业在处理难以确定明细的合同，或者应对服务水平协议以外的突发事件方面胜过供应链。例如，当不能预测双方未来将在合作关系中做出怎样的贡献，或者如何改变绩效指标时，合资企业是一种避开意外风险的选择。本质上合资企业的特征是双方共同拥有一项明确的目标，将尽最大努力为实现该目标做出贡献，并分享所产生的利润。与生态系统的早期阶段不同，那时新价值的目标尚不明确，一旦生态系统成熟，合资企业的机构形式就会更加有效。

但是，将成熟的生态系统中的关键合作伙伴关系转变为合资企业有一个缺点：在某些情况下，你无法用其他合作者来加以代替。众所周知，合资企业很难解散或者重组。如果业务需求发生变化，造成的结果是一个合作伙伴不再需要依赖另一个，这时候它们会迅速陷入困境。随之而来的是信誉受损、决策冗长、绩效下降，以及管理人员在处理内部纠纷时焦头烂额。如果将来可能需要不同类型的合作伙伴，现有合作伙伴的重要性已然下降，那么维护生态系统，或者将其转变为供应链内部的一个环节就是更好的选择。

收购合作伙伴

为重组一个成熟的生态系统，领导者可以考虑的最后一个选项是收购合作伙伴。我们再次回到达索系统公司的案例，看看它如何收购 CST——一家模拟电磁设备行为的软件开发商。2016 年，在开发多物理场仿真生态系统大约 15 年后，达索系统收购了合作伙伴之———德国的 CST 公司。电磁学在开发智能和互联产品，以及物联网设备等多物理场仿真应用场景中至关重要，涵盖了从复杂的设计到与周围环境交互的性能、可靠性和安全性。2015 年，CST 解释说，它将与达索系统合并，可以更好地了解仿真技术的发展趋势，这些趋势在最近几年变得越来越明显，并且可以归结为两个方向——"客户对多物理功能的需求增加，覆盖整个设计流程的解决方案"。此次合作使得"两家公司之间的关系更加紧密，同时也证实了达索系统与 CST 具有类似的文化，专注于提供领先的技术、强大的解决方案和技术支持，可以最大限度地确保客户成功。显然，两家公司的合并是水到渠成的"。[7]

在成为达索系统生态系统一部分 15 年之后,CST 得出这样的结论,生态系统提供的灵活性远没有那么重要了。现在,客户价值已经明确,与达索系统的交互方式也很稳定。 根据以往的经验,它们的组织文化和管理风格是相似的,达索系统与 CST 都趋向收购计划,而不再保留单独的实体。随着生态系统的成熟,收购 CST 对于达索系统来说是明智的。CST 在支持达索系统产品线方面的作用很明显,而与达索系统技术的接口已经定义清楚。紧密整合双方的工作将是一种更好的协作模式,这时已经无须保留 CST 刚成为合作伙伴时所采用的灵活的参与模式。

达索系统的经验表明,收购关键合作伙伴对已经成熟的生态系统的领导者有特殊意义。这样做可以更容易掌控战略和未来的方向。在创新方面可以更加合理地投资,并且比作为独立伙伴时更容易学习。将 CST 与达索系统的系统、报表集成在一起,这种结合可以带来更大的稳定性和可预测性。

收购合作伙伴也是确保竞争对手无法获得它们的产品和服务的一种方式。亚马逊收购 Kiva Systems 就是一个很好的例子。为了将自己的物流能力与竞争对手区分开来,亚马逊在 2012 年收购了提供仓库服务的机器人制造商 Kiva Systems。盖普、史泰博和塞克斯等许多零售商也在使用 Kiva 的机器人。然而,亚马逊当机立断地选择独占 Kiva 的技术,以便可以借助 Kiva 的技术为自己打造竞争优势。[8]

收购的另外一个原因是,合作伙伴的知识和能力对生态系统领导者的未来至关重要。阿里巴巴收购 UC 优视的交易就很好地说明了这一点。UC 优视开发了中国最受欢迎的智能手机网络浏览器。2009 年,阿里巴巴收购了 UC 优视的一小部分股份,目的是与 UC 优视建立联系。2013年底，阿里巴巴将其在该公司的持股比例增至66%，因为人们越来越清楚地认识到，移动上网能够吸引和留住新的电子商务客户。2014年，阿里巴巴收购了UC优视100%的股份，并将其与自己的业务合并，成立了一个新的移动技术部门，负责阿里巴巴的浏览器、移动搜索、定位服务、移动游戏、应用商店和移动阅读器业务。UC优视的能力对阿里巴巴业务的重要性，促使阿里巴巴愿意更紧密地整合它，而不是生态系统认可的那种松散的关系。

但是，在寻求生态系统合作伙伴之前，领导者不要放弃与之保持灵活关系的好处。合作伙伴通常可以利用其他公司的资源和知识，这些公司通常是规模较大的集团公司。一旦被收购，这方面的优势就消失了。因此，在生态系统中的合作伙伴比集成到公司内部的合作伙伴更加敏捷，更具创新能力。生态系统使企业可以与更多的合作伙伴互动并从中受益，而这些合作伙伴能链接到更多其他的合作伙伴。在生态系统中，关系也更加灵活，可以自由加入新的合作伙伴，允许现有的合作伙伴离开。因此，生态系统领导者应谨慎行事，不要过早地放弃生态系统，失去在网络中找到众多合作伙伴的机会。

孕育下一个生态系统

生态系统有自己的生命周期，随着生态系统的成熟，其优势可能会减弱，但这并不意味着生态系统将会停止创造利润。风险在于，伴随着发展，实现快速创新和指数级增长的能力会下降。为了不断创新，抓住新的机遇，并不断发展壮大，生态系统领导者要不断寻找机会来催生新的生态系统。新的生态系统可以为新客户或现有客户带来新的价值，开拓新的商业模式，或进入其他业务领域。

我们研究的许多公司都是通过这样的方式来保持业务增长和活力的：刺激与它们最初创建的生态系统平行的另一个生态系统的发展。例如，亚马逊已经从一个图书生态系统扩展到一个电子商务生态系统，一个基于云计算的生态系统，以及一个自主配送解决方案的生态系统。每个生态系统早期都借助上一个生态中拥有的资产和技术。图书为电子商务铺平了道路，亚马逊庞大的电子商务 IT 基础架构催生了云计算的应用，而自主配送服务是其电子商务业务的延伸。虽然相互关联，但每一项都值得开发一个全新的生态系统。因此，支撑亚马逊网络服务生态系统的合作伙伴与亚马逊在建立电子商务生态系统时的合作伙伴是不同的。亚马逊在将自动配送变为现实的过程中，迫使自己与一组全新的合作伙伴开展合作。

ARM 的模式与此类似。虽然移动电话的生态系统仍在增长，RISC 芯片架构占有超过 95% 的市场份额，但增长潜力有限。ARM 察觉到产品在物联网新兴市场的巨大机遇，并针对这一目标主动与从未接触过的合作伙伴进行联系，从恒温器、传感器到重型机械等产品的制造商，以及物业管理公司、电信公司到市政府等一系列服务供应商。

当现有的生态系统领导者催生一个新的生态系统时，它必须认识到这不是从零开始的，可以从现有资产和关系中充分利用各类数据和经验。这个过程必须从应用我们在第九章中讨论过的生态系统领导思维开始。这意味着专注于为客户创造新价值的潜力；坚信没有一家公司可以独自解锁如此规模的价值；学习如何吸引、包容和激励自己公司以外的员工；专注于扩大规模和总体价值，而不是就如何分配收益斤斤计较。

然后，公司必须重新部署具有经营合作伙伴方面的经验，以及领导生态系统所需能力的高管。马云具有发现新机遇的慧眼，这得益于该公司在催化和扩大生态系统方面拥有多年经验的管理人员。近20年来，张勇和他的团队成员对领先的生态系统有着深刻的认识。

张勇解释说："将阿里巴巴定义为电子商务平台并不准确。通过移动超级应用（涵盖购物、娱乐、金融和社交网络）收集数据，公司的核心优势变得越来越明显。我们将自己定位为一家数据公司。"他补充说："我们有5亿有购物意向和支付方式的用户。我们知道他们是谁，他们想要什么，他们讨厌什么。这场数据革命使阿里巴巴为大多数用户创建个人信用档案，即芝麻信用。这些分数是根据用户网上购物的数量、按时缴纳水电费、拥有稳定的居住身份、长期使用同一手机号码等指标来计算的。这也促进了一些与此不相关的新业务的发展，比如摩拜单车的自行车租赁业务，该业务假定那些芝麻信用高的人是值得信任的，因此不用交纳押金。"[9]

事实上，阿里巴巴已经利用芝麻信用，让合作伙伴更容易地为汽车贷款、移动电话服务合同以及许多其他类型的消费信贷提供依据，从而使得该公司的合作伙伴，能够向那些在传统信贷机构没有信用记录的人开放信贷市场。当阿里巴巴希望创建一个向中国以外的小企业提供信贷的生态系统时，它与美国P2P贷款机构Lending Club、英国小企业贷款专家Iwoca和Orange Money展开合作。它在Alibaba.com和1688.com的B2B平台上开设电子信贷板块，推广金融服务，为企业提供贷款申请人的交易数据，并帮助完善风险模型。

当以阿里云进入中国的云计算市场时，阿里巴巴瞄准的是需要云计算能力，并信任淘宝的那些卖家，而不是向全新的用户销售。在中国以外为金融服务建立一个新的生态系统时,阿里巴巴遇到了维萨和万事达在美国和欧洲市场的壁垒,即客户在这些市场高度的渗透率。随着出国旅游人数的快速增长(2016年有超过1.22亿中国人出国旅游)[10],阿里巴巴决定将重点放在现有的中国用户上,让他们可以使用支付宝购物、兑换货币和退税。阿里巴巴最初与免税商店、机场运营商甚至亚洲夜市的小商店建立了合作关系,这些商店都热衷于和相对富裕的中国游客打交道。通过向这些新合作伙伴敞开大门,阿里巴巴的员工了解到各方的需求,并针对可行的模式加以测试。阿里巴巴逐渐招募了更广泛的合作伙伴来扩展生态系统。

ARM负责开发新的物联网生态系统的团队,包括来自手机生态系统的资深人士,他们为该领域注入了多样化的用户体验。

利用公司现有的声誉,生态系统领导者在创建全新的生态系统时可以领先一步。不过,领导者管理第一个生态系统的方式将决定其在未来生态系统中的可信度。例如,致力于维护生态系统健康的领导者不会侵犯合作伙伴,这有助于它们迅速发展其他的生态系统。相比之下,侵占合作伙伴的业务,损害合作伙伴的投资会招致恶名,并将阻碍其建立新的生态系统。例如,英特尔自1999年以来就参与了开源社区,但它被批评不履行培养生态系统的承诺。在2005年发布英特尔Pro无线产品后,该公司遭到了大量投诉,因为它拒绝授予固件免费再分发的权利,而固件必须包含在操作系统中,才能让无线设备正常工作。[11]一些评论员将英特尔称为"打着开源的幌子",指责其偏袒最大的客户——微软。[12]不管真相是什么,人们对英特尔的看法使它难以创建一个移动设备芯片的生态系统。在这个领域,英特尔一直举步维艰。

遵循这种增长路径的公司将能够针对各项业务创建生态系统。每一个生态系统都处于不同的发展阶段：有些正在寻找新的机会，有些试图扩大规模，而其他的可能已达到成熟水平。对于各个发展阶段，没有放之四海而皆准的通用法则。领导者的任务是培育产品组合，确保高管人员用适合的思维、流程、工具和方式管理生态系统，还必须促进公司关键的资产、经验和知识在生态系统中流动起来。

一种新的经商方式

詹姆斯·穆尔提出"商业生态系统"一词。在AT&T结束了漫长而成功的职业生涯之后，他在中美洲度过了相当长的时间，研究森林的植物生态学。[13]他在1996年写了一本书——《竞争的衰亡：商业生态系统时代的领导与战略》。穆尔的基本观点是，企业之所以失败，是因为它们只专注于完善自身能力、内部流程、产品和服务，而未能跟上外部环境变化的节奏。在今天看来，这个20年前提出的观点极具先见之明。那本书的主题是，为了拥有一个成功的企业，组织的领导者必须领导外部环境——组织的生态系统——以及掌握其内部运作的基本原理。大多数业务的失败归因于组织无法与周围的业务，以及社会环境智能地"协同发展"。他认为，太多的高管将他们的时间主要集中在与直接竞争对手的业务对抗上。他们受限于行业内的细枝末节，而忽略了在更高的层次上洞悉行业的发展。他们需要重新定义公司能够提供给用户的价值，并以此为基础，协调和提高合作伙伴的整体贡献。

穆尔认为，未来的竞争格局将超越部门组织，由市场的无形之手操控运作。他认为成功的商业领袖不仅需要领导自己的企业，还需要带领无数的合作伙伴。它们必须起到催化剂的作用，将不同的能力聚集在一起，催生新的商业、新的非营利性组织、新的竞争与合作规则，甚至新的行业。

我们的目标是帮助读者在不久的将来取得成功。在今天的市场上，必须充分利用不同合作伙伴的潜力，帮助它们获得更广泛的能力，加快学习和创新速度，并实现那些最敏捷的企业也难以独自企及的灵活性水平。领导者必须超越自身制定的战略，超越自己的组织，超越当前的竞争对手，无所畏惧地迎接外部环境的挑战。

商业环境不可能是被明确定义的，首席执行官也很难见招拆招，做出回应，竞争意味着在未来的发展中会催化一个全新的环境。为客户、供应商、竞争对手和监管机构构建生态系统，是为了在超越公司和行业界限的前提下，释放各种能量和知识的无限潜力。读完本书，希望你有了足够的知识和动力，把握挑战，迎接未来。

注释

第一章

1. Mohanbir Sawhney, "Why Investors Should Think Twice before Buying into Tesla," *Fortune*, April 11 2017, http://fortune.com/2017/04/11/tesla-market-cap-general-motors-ford/.
2. Bill Ford, "A Future beyond Traffic Gridlock," online video, March 2011, TED Talks, https://www.ted.com/talks/bill_ford_a_future_beyond_traffic_gridlock.
3. Ernest Gundling, "Disruption in Detroit: Ford, Silicon Valley, and Beyond," Berkeley Haas Case Series, University of California, July 1, 2016, http://cases.haas.berkeley.edu/documents/best_case_award/2016_2_ford_5875.pdf.
4. Gundling, "Disruption in Detroit."
5. "AlixPartners Study Indicates Greater Negative Effect of Car Sharing on Vehi- cle Purchases," AlixPartners, press release, February 5, 2014, http://legacy.alixpartners.com/en/MediaCenter/PressReleases/tabid/821/articleType/ArticleView/articleId/950/AlixPartners-Study-Indicates-Greater-Negative-Effect-of-Car-Sharing-on-Vehicle-Purchases.aspx#sthash.5aEKm3np.m8yxsDxo.dpbs.
6. Gundling, "Disruption in Detroit."
7. Mike Timmermann, "These Major Retailers Have Closed More than 5,000 Stores in 2017," Clark, December 13, 2017, http://clark.com/shopping-retail/major-retailers-closing-2017/.
8. "Five Industries under Threat from Technology," *Financial Times*, December 26, 2016, https://www.ft.com/content/b25e0e62-c6ca-11e6-9043-7e34c07b46ef.
9. Aircraft power by the hour is a term trademarked by Rolls Royce, but widely used in the aircraft engine industry to describe a programme to provide the aircraft operator with a fixed engine maintenance cost over an extended period of time.

10. "Speed to Scale," Future Agenda, https://www.futureagenda.org/insight/speed-to-scale.
11. Kevin Kelleher, "How Facebook Learned from MySpace's Mistakes," *Fortune*, November 19, 2010, http://fortune.com/2010/11/19/how-facebook-learned-from-myspaces-mistakes/.
12. All currency is in US dollars unless stated otherwise.
13. "Culture and Values," Alibaba Group, https://www.alibabagroup.com/en/about/culture.
14. Peter Williamson and Michelle Wang, "Alibaba Group's Taobao: From Intermediary to Ecosystem Enabler," University of Cambridge, 2014, Judge Business School, case 10 (Case Centre case number 314-139-1, https://www.thecasecentre.org).
15. Ibid.
16. Ibid.
17. Ibid.
18. Ibid.
19. Ron Adner, "Ecosystem as Structure: An Actionable Construct for Strategy," *Journal of Management* 43, no. 1 (2017): 39-58
20. Marco Iansiti and Roy Levien, *The Keystone Advantage: What the New Dynamics of Business Ecosystems Mean for Strategy, Innovation and Sustainability*, Boston, MA: Harvard Business School Press; Charles Dhanarg and Arvind Pharke, "Orchestrating Innovation Networks," *Academy of Management Review* 31, no. 3 (2006): 659–69.
21. David B. Yoffie and Mary Kwak, "With Friends Like These: The Art of Managing Complementors," *Harvard Business Review* 84, no. 9 (September 2006): 88–98, 157, https://hbr.org/2006/09/with-friends-like-these-the-art-of-managing-complementors; Ron Adner, "Match Your Innovation Strategy to Your Innovation Ecosystem," *Harvard Business Review*, April 2006, 107.
22. James F. Moore, "Predators and Prey: A New Ecology of Competition," *Harvard Business Review* 71, no. 3 (May–June 1993): 75–86.
23. Adner, "Ecosystem as Structure."

第二章

1. James F. Moore, "Predators and Prey: A New Ecology of Competition," *Harvard Business Review*, May/June 1993, https://hbr.org/1993/05/predators-and-prey-a-new-ecology-of-competition.
2. Michael G. Jacobides, Carmel Cennamo, and Annabelle Gawer, "Towards a Theory of Ecosystems," *Strategic Management Journal* 39, no. 8 (March 2018): 2255–76
3. James M. Acheson, *The Lobster Gangs of Maine* (Hanover, NH: University Press of New England, 1998); James M. Acheson, *Capturing the Commons: Devising Institutions to Manage the Maine Lobster Industry* (Lebanon, NH: University Press of New England, 2004).
4. "All about Lobsters," Gulf of Maine Research Institute, accessed August 8, 2018, http://

www.gma.org/lobsters/allaboutlobsters/lobsterhistory.html#sthash.suicOB1J.dpuf.
5. David Sneath, "State Policy and Pasture Degradation in Inner Asia," *Science*, August 21, 1998, 1147–48.
6. Elinor Ostrom et al., "Revisiting the Commons: Local Lessons, Global Challenges," *Science*, April 9, 1999, 278–82.
7. Kazuo Kadokawa, "Applicability of Marshall's Agglomeration Theory to Industrial Clustering in the Japanese Manufacturing Sector: An Exploratory Factor Analysis Approach," *Journal of Regional Analysis and Policy* 41, no. 2 (2011): 83–100.
8. Paul Krugman, "Increasing Returns and Economic Geography," *Journal of Political Economy* 99, no. 3, (June 1991): 483–99.
9. Michael Porter, *The Competitive Advantage of Nations* (New York: Free Press, 1990).
10. Mancur Olson, *The Logic of Collective Action: Public Goods and the Theory of Groups* (Cambridge, MA: Harvard University Press, 1965).
11. Robert Michels, *Political Parties: A Sociological Study of the Oligarchical Tendencies of Modern Democracy*, trans. Eden and Cedar Paul (New York: Hearst's International Library Co., 1915); Max Weber, *From Max Weber: Essays in Sociology*, edited by Hans Gerth and C. Wright Mills (New York: Oxford University Press, 1958).
12. Garrett Hardin, "The Tragedy of the Commons," *Science*, December 13, 1968, 1243–48.
13. Elinor Ostrom et al., "Revisiting the Commons: Local Lessons, Global Challenges," *Science,* April 9, 1999, 278–82.
14. Robert Axelrod, *The Evolution of Cooperation* (New York: Basic Books, 1984).
15. Paul S. Adler, "Market, Hierarchy, and Trust: The Knowledge Economy and the Future of Capitalism," *Organization Science* 12, no. 2(2001): 215–34.
16. Jacobides et al., *"Towards a Theory of Ecosystems."*
17. Charles Dhanarg and Arvind Pharke, "Orchestrating Innovation Networks," *Academy of Management Review* 31, no. 3 (2006): 659–69.
18. These opportunities may be more restricted by data privacy laws in some jurisdictions, such as Europe where companies are required to conform to the General Data Protection Regulation (GDPR).
19. Zheng He, Lez Rayman-Bacchus, and Yiming Wu, "Self-Organization of Industrial Clustering in a Transition Economy: A Proposed Framework and Case Study Evidence from China," *Research Policy* 40, no. 9 (November 2011): 1280–94;
Lee Fleming and Olav Sorenson, "Technology as a Complex Adaptive System: Evidence from Patent Data," *Research Policy* 30, no. 7 (August 2001): 1019–39; Elizabeth Garnsey, "The Genesis of the High Technology Milieu: A Study in Complexity," *International Journal of Urban and Regional Research* 22, no. 3 (September 1998): 361–77; Martin Kenney, *Understanding Silicon Valley: The Anatomy of an Entrepreneurial Region* (Palo Alto, CA: Stanford University Press, 2000).
20. Alfred Marshall, "Industrial Organization, Continued: The Concentration of Specialized

Industries in Particular Localities," chap. 79 in *Principles of Economics*, 8th edition (London: Macmillan, 1920).
21. Ron Adner, "Ecosystem as Structure: An Actionable Construct for Strategy," *Journal of Management* 43, no. 1 (2017): 39–58.
22. Niklas Zennstroem, "Silicon Valley Is No Longer the Only Game in Town," *Financial Times*, January 7, 2014, https://www.ft.com/content/156569c4-6c06-11e3-85b1-00144f eabdc0.
23. Julian Birkinshaw and Simon Best, "Responding to a Potentially Disruptive Technology: How Big Pharma Embraced Biotechnology," *California Management Review* 60, no. 4 (2018): 74–100
24. David B. Yoffie and Mary Kwak, "With Friends Like These: The Art of Managing Complementors," *Harvard Business Review*, September 2006, 89–98.
25. Jack Fuller, Michael G. Jacobides, and Martin Reeves, "The Myths and Realities of Business Ecosystems," *MIT-Sloan Management Review*, February 25, 2019. https://sloanreview.mit.edu/article/the-myths-and-realities-of-business-ecosystems/

第三章

1. Data about Dassault Systèmes is based on published materials, interviews, and their own website: www.3DS.com.
2. "Dassault Systèmes and National Research Foundation Collaborate to Develop the Virtual Singapore Platform," Dassault Systèmes press release, June 16, 2015, https://www.3ds.com/press-releases/single/dassault-systemes-and-national-research-foundation-collaborate-to-develop-the-virtual-singapore-pla/.
3. "Bernard Charlès," *Compass*, https://compassmag.3ds.com/4/all/bernard-charles-bernard-charles
4. "China's Didi Bets $1Billion on Auto-Services Sector," *Wall Street Journal*, August 6, 2018.
5. Ranjay Gulati and David Kletter, "Shrinking Core, Expanding Periphery," *California Management Review* 47, no. 3 (April 1, 2005): 77–104.
6. Ibid.
7. Chihmao Hsieh et al., "Does Ownership Affect the Variability of the Production Process? Evidence from International Courier Services," *Organization Science* 21, no. 4 (July–August 2010): 892–912; Ranjay Gulati, Paul R. Lawrence, and Phanish Puranam, "Adaptation in Vertical Relationships: Beyond Incentive Conflict." *Strategic Management Journal* 26, no. 12 (December 2005): 415–40.
8. M. Peltoniemi, "Preliminary Theoretical Framework for the Study of Business Ecosystems," *Emergence: Complexity & Organization* 8, no. 1 (2006): 10–19.
9. See the Dassault Systèmes website, www.3DS.com.
10. "Dassault Systèmes Introduces a New Release of 3DSwYm, Its Social Innovation

Application," Dassault Systèmes press release, April 12, 2012. https://www.3ds.com/press-releases/single/dassault-systemes-introduces-a-new-release-of-3dswym-its-social-innovation-application/.

11. C. H. Loch, A. De Meyer, and M. T. Pich, *Managing the Unknown: A New Approach to Managing High Uncertainty and Risk in Projects*. London: John Wiley and Sons, 2006.

12. W. B. Arthur, "Increasing Returns and the New World of Business," *Harvard Business Review* 74, no. 4 (July–August 1996): 100–109.

13. "Renault Chooses Dassault Systèmes Full V6 PLM to Improve the Company's Productivity and Product Quality," Dassault Systèmes press release, June 29, 2009, https://www.3ds.com/press-releases/single/renault-chooses-dassault-systemes-full-v6-plm-to-improve-the-companys-productivity-and-product-q/

14. Robert F. Higgins and Erin Trimble, "athenahealth's More Disruption Please Program," Harvard Business School Case 816-060 (Boston: Harvard Business Pub- lishing, November 18, 2015), 6.

15 "Creating a Disrupter Ecosystem: How Athenahealth Did It," Innovation Leader, https://www.innovationleader.com/how-athenahealth-created-a-community-around-disruptive-innovation/.

16. "More Disruption Please Datasheet," athenahealth, accessed August 8, 2018, http://www.athenahealth.com/~/media/athenaweb/files/data-sheets/mdp_datasheet

17. Higgins and Trimble, "athenahealth's More Disruption Please Program."

18. A. Agrawal, A. De Meyer, and L. Van Wassenhove, "Managing Value in Supply Chains: Case Studies on the Sourcing Hub Concept," *California Management Review* 56, no. 2 (2014): 23–54.

19. The information about Amazon in this and following chapters is based on a combination of interviews and published materials.

20. Julia Kirby and Thomas A. Stewart, "The Institutional Yes: An Interview with Jeff Bezos," *Harvard Business Review*, October 2007.

21. See Chris Seper, "Is the athenahealth Accelerator Term Sheet Disrup- tive or Just Awful?" MedCityNews, May 14, 2015, http://medcitynews.com/2015/05/more-disruption-please-term-sheet/; Stephani Baum, "athenahealth's More Disruption Please Accelerator Gives Startups Another Way to Shake Up Healthcare," *MedCityNews*, March 11, 2016, http://medcitynews.com/2016/03/athenahealths-more-disruption-please-accelerator/?rf=1; Athenahealth, http://www.athenahealth.com/more-disruption-please/accelerator.

22. "Karl Florida on the Legal Tech Innovation Challenge," Legal Current, ac- cessed October 30, 2016, http://www.legalcurrent.com/karl-florida-on-the-legal-tech-open-innovation-challenge/.

23. "Thomson Reuters and CodeX Announce 2015 Legal Tech Open Innovation Challenge

Winners," Thomson Reuters press release, December 15, 2015, accessed October 30, 2016, http://thomsonreuters.com/en/press-releases/2015/december/2015-legal-tech-open-innovation-challenge-winners.html.

第四章

1. Andrew J. Hawkins, "Ford Expands Its Mobility Empire with a Couple of Acquisitions," *The Verge, January* 25, 2018, https://www.theverge.com/2018/1/25/16932868/ford-autonomic-transloc-acquistion-mobility.
2. Darrell Etherington, "Ford and Autonomic Are Building a Smart City Cloud Platform," TechCrunch, January 10, 2018, https://techcrunch.com/2018/01/09/ford-and-autonomic-are-building-a-smart-city-cloud-platform/?ncid=mobilerecirc_featured.
3. "Annual Reports," Thomson Reuters, https://ir.thomsonreuters.com/financial-information/annual-reports.
4. "Thomson Reuters Announces Definitive Agreement to Sell its Intellectual Property & Science Business to Onex and Baring Asia for $3.55 billion," Thomson Reu- ters press release, July 11, 2016, http://thomsonreuters.com/en/press-releases/2016/july/thomson-reuters-announces-definitive-agreement-to-sell-its-intellectual-property-science-business.html.
5. William Launder, "Thomson Reuters to Expand Eikon Instant Messaging," *Wall Street Journal,* August 3, 2013, http://www.wsj.com/articles/SB10001424127887323420604578647983409888730.
6. David Dawkins, "Clear Daylight Emerges between Bloomberg and the Competition," WatersTechnology, February 3, 2016, https://www.waterstechnology.com/industry-issues-initiatives/2444608/clear-daylight-emerges-between-bloomberg-and-the-competition.
7. Scott Carey, "Thomson Reuters Opens Up Eikon APIs in Bid to Take On Rival Trading Data Platforms," *ComputerworldUK*, January 18, 2016, http://www.computerworlduk.com/applications/thomson-reuters-opens-up-eikon-apis-in-bid-take-on-rival-trading-data-platforms-3633596/.
8. "Thomson Reuters Adds Futures and Options Execution Application for Commodities Traders in Eikon," Thomson Reuters press release, July 19, 2016, https://www.thomsonreuters.com/en/press-releases/2016/july/thomson-reuters-adds-futures-and-options-execution-application.html.
9. Thomson Reuters Labs, "Shareable by Default: Creating Resilient Data Ecosystems," accessed October 31, 2016, https://innovation.thomsonreuters.com/en/labs/shareable-data.html.
10. Andrew Fletcher, "Extracting Value from New Sources of Data," Thomson Reuters *Answers On* (blog), September 9, 2016, https://blogs.thomsonreuters.com/answerson/extracting-value-new-sources-data/.

11. Karl Florida, "The Legal Tech Innovation Challenge," online video, June 18, 2015, http://www.legalcurrent.com/karl-florida-on-the-legal-tech-open-innovation-challenge/.
12. Eleanor O'Keeffe and Peter Williamson, "ARM Holdings Plc—From Beleaguered Computer Company to Industry Standard," INSEAD Euro-Asia Centre, April 1, 2002 (Case Centre case number 302-170-1, www.thecasecentre.org).
13. Ibid.
14. Arnoud De Meyer et al., "Rolls-Royce in Singapore: Harnessing the Power of the Ecosystem to Drive Growth," Singapore Management University, 2014, case no. SMU-13-0031.
15. Ibid.
16. Ibid.
17. Ibid.
18. Matthias Hendrichs, "Why Alipay Is More Than Just the Chinese Equivalent of PayPal," Tech in Asia, August 3, 2015, https://www.techinasia.com/talk/online-payment-provider-alipay-chinese-equivalent-paypal.
19. Oscar Williams-Grut, "This £20 billion Data Giant Wants to Build the App Store for Finance: 'We're Leading the Charge,'" *Business Insider*, January 22, 2016, http://www.businessinsider.com/thomson-reuters-albert-lojko-on-fintech-and-app-studio-2016-1.
20. De Meyer et al., "Rolls-Royce in Singapore."
21. Thomson Reuters Labs Homepage, accessed October 25, 2016, https://innovation.thomsonreuters.com/en/labs.html.
22. "IDSS and Thomson Reuters Collaborate to Advance Innovation in Data Science, Finance, and Risk Analytics," MIT Institute for Data, Systems, and Society, accessed October 22, 2016, https://idss.mit.edu/idss-and-thomson-reuters-collaborate-to-advance-innovation-in-data-science-finance-and-risk-analytics/.

第五章

1. See Amazon's AWS page: https://aws.amazon.com/.
2. Ron Miller, "How AWS Came to Be," *TechCrunch*, July 2, 2016, https://techcrunch.com/2016/07/02/andy-jassys-brief-history-of-the-genesis-of-aws/.
3. Steven Levy, "Jeff Bezos Owns the Web in More Ways Than You Think," *Wired*, November 13, 2011, https://www.wired.com/2011/11/ff_bezos/.
4. Robert S. Huckman, Gary P. Pisano, Liz Kind, "Amazon Web Services," Harvard Business Publishing, February 3, 2012, HBS No. 609-048, 14, 24.
5. "Amazon Partnership Model," Amazon Web Services, accessed August 10, 2017, https://www.slideshare.net/AmazonWebServices/awsome-day-warsaw-aws-partnership-model/31.
6. Ron Miller, "AWS Won't Be Ceding Its Massive Market Share Lead Anytime Soon,"

TechCrunch, July 28, 2017, https://techcrunch.com/2017/07/28/aws-wont-be-ceding-its-massive-market-share-lead-anytime-soon/.

7. Jessica Lyons Hardcastle, "Amazon Dominates the Cloud as AWS Revenue Soars in Q1," SDxCentral, April 28, 2017, https://www.sdxcentral.com/articles/news/aws-revenue-soars-q1/2017/04/.

8. "Amazon Partnership Model," Amazon Web Services, accessed August 10, 2017, https://www.slideshare.net/AmazonWebServices/awsome-day-warsaw-aws-partnership-model/31.

9. James Bourne, "AWS Lays Down Its Vision for the Success of Cloud Computing," *CloudTech*, March 27, 2014, https://www.cloudcomputing-news.net/news/2014/mar/27/aws-lays-down-its-vision-success-cloud-computing/.

10. "So You Want to Be an AWS Partner?," Amazon Web Services, accessed September 6, 2016, http://www.slideshare.net/AmazonWebServices/so-you-want-to-be-an-aws-partner.

11. "Global Partner Summit," AWS Events, accessed August 10, 2017, https://reinvent.awsevents.com/partners-sponsors/global-partner-summit/.

12. "AWS Partner Network (APN) Blog," Amazon, accessed August 10, 2017, https://aws.amazon.com/blogs/apn/thank-you-to-all-of-our-aws-partner-network-apn-partners/.

13. Asha McLean, Stephanie Condon, "Andy Jassy Warns AWS Has No Time for Uncommitted Partners," *ZDNet*, November 29, 2016, http://www.zdnet.com/article/andy-jassy-warns-aws-has-no-time-for-uncommitted-partners/.

14. "ARM Approved Program," ARM, accessed August 11, 2017, https://www.arm.com/support/arm-approved-program.

15. "2017 Letter to Shareholders," Amazon, accessed August 11, 2017, http://phx.corporate-ir.net/phoenix.zhtml?c=97664&p=irol-reportsannual.

16. Carliss Y. Baldwin and Kim B. Clark, "Managing in an Age of Modularity," *Harvard Business Review* 75, no. 5 (1997): 84–93.

17. "AWS Marketplace," Help and FAQ, Amazon, accessed August 11, 2017, https://aws.amazon.com/marketplace/help.

18. N. Lang, K. von Szczepanski, and C. Wurzer, "The Emerging Art of Ecosystem Management," BCG Henderson Institute, January 16, 2019, https://www.bcg.com/publications/2019/emerging-art-ecosystem-management.aspx.

19. Lyra J. Colfer and Carliss Young Baldwin, "The Mirror Hypothesis: Theory, Evidence and Exceptions," *Industrial and Corporate Change* 25, no. 5 (2016): 709–38.

20. Michael G. Jacobides, Carmel Cennamo, and Annabelle Gawer, "Towards a Theory of Ecosystems," *Strategic Management Journal* 39, no. 8 (2018): 2255–76.

21. A. Gawer, and R. Henderson, "Platform Owner Entry and Innovation in Complementary Markets: Evidence from Intel," *Journal of Economics & Management Strategy* 16, no 1 (Spring 2007): 1–34.

22. Barney Jopson, "From Warehouse to Powerhouse," *Financial Times*, July 8, 2012.
23. Peter Williamson and Michelle Wang, "Alibaba Group's Taobao: From Intermediary to Ecosystem Enabler," University of Cambridge, Judge Business School, 2014, case study, 10 (Case Centre case number 314-139-1, https://www.thecasecentre.org).
24. Ibid.
25. Ibid.
26. Adriana Neagu, "Figuring the Costs of Custom Mobile Business App Development," *Formotus,* last modified June 23, 2017, https://blog.formotus.com/enterprise-mobility/figuring-the-costs-of-custom-mobile-business-app-development.
27. Anita Balakrishnan, "Apple's Services Revenue Topped $9 Billion in the March Quarter," CNBC, TECH, May 1, 2018, https://www.cnbc.com/2018/05/01/apple-earnings-software-and-services-revenue.html.
28. W. J. Abernathy and J. M. Utterback, "Patterns of Industrial Innovation," *Technology Review* 80, no. 7 (1978): 40–47.
29. Paul Mooney, "The Story behind China's Tainted Milk Scandal," *U.S. News*, October 9, 2008, https://www.usnews.com/news/world/articles/2008/10/09/the-story-behind-chinas-tainted-milk-scandal.

第六章

1. A. Agrawal, A. De Meyer, L. Van Wassenhove, "Managing Value in Supply Chains: Case Studies on the Sourcing Hub Concept," *California Management Review* 56, no. 2 (2014): 23–54.
2. A similar argument has been made in N. Lang, K. von Sczepanski, and C. Wurzer, "The Emerging Art of Ecosystem Management," BCG Henderson Institute, 2019, https://www.bcg.com/publications/2019/emerging-art-ecosystem-management.aspx.
3. C. H. Loch, A. De Meyer, M. T. Pich, *Managing the Unknown, A New Approach to Managing High Uncertainty and Risk in Projects* (Hoboken, NJ: John Wiley and Sons, 2006).
4. H. A. Simon, "A Formal Theory of the Employment Relationship," *Econometrica* 19, no. 3 (1951): 293–305.
5. W. C. Kim, R. Mauborgne, "Fair Process: Managing in the Global Economy," *Harvard Business Review,* 75, no. 4 (July-August 1997): 65-75.
6. Loch et al., *Managing the Unknown.*
7. Ibid.
8. Jessica Lyons, "Arm Partners with Vodafone, China Unicom on IoT," SDxCentral, March 1, 2019, https://www.sdxcentral.com/articles/news/arm-partners-with-vodafone-china-unicom-on-iot-launches-security-certification/2019/03/.
9. "Guardian Open Platform," Terms and Conditions, accessed October 4, 2016, https://www.theguardian.com/open-platform/terms-and-conditions.

10. E. Von Hippel, *Cooperation between Rivals: Informal Know How Trading Research Policy*, no. 16 (1987): 291–302.
11. "ARM Approved Program," ARM, accessed August 11, 2017, https://www.arm.com/support/arm-approved-program.
12. Susan Martin, "Karl Florida on the Legal Tech Open Innovation Challenge," *Legal Current*, June 18, 2015, http://www.legalcurrent.com/karl-florida-on-the-legal-tech-open-innovation-challenge/.
13. Eagan Minn, "Thomson Reuters and CodeX Announce 2015 Legal Tech Open Innovation Challenge Winners," *Thomson Reuters,* press release, December 15, 2015, https://www.thomsonreuters.com/en/press-releases/2015/december/2015-legal-tech-open-innovation-challenge-winners.html.
14. Paul S. Adler, "Market, Hierarchy, and Trust: The Knowledge Economy and the Future of Capitalism," *Organization Science* 12, no. 2 (2001): 215–34.
15. Ranjay Gulati, Paul R. Lawrence, and Phanish Puranam, "Adaptation in Vertical Relationships: Beyond Incentive Conflict." *Strategic Management Journal* 26, no. 12 (December 2005): 415–40.
16. "So You Want to Be an AWS Partner?," Amazon Web Services, accessed September 6, 2016, http://www.slideshare.net/AmazonWebServices/so-you-want-to-be-an-aws-partner.
17. Peter Williamson and Michelle Wang, "Alibaba Group's Taobao: From Intermediary to Ecosystem Enabler," University of Cambridge, Judge Business School, 2014, case study, 10 (Case Centre case number 314-139-1, https://www.thecasecentre.org).
18. A. Tencate and L. Zsolnai, "The Collaborative Enterprise," *Journal of Business Ethics* 85 (2009): 367–76.
19. "App Store Review Guidelines," App Store, Apple, accessed September 6, 2016, https://developer.apple.com/app-store/review/guidelines/#developer-information.
20. Williamson and Wang, "Alibaba Group's Taobao."
21. Y. L. Doz, and G. Hamel, *Alliance Advantage* (Boston: Harvard Business School Press, 1998), 201.

第七章

1. SimilarWeb, "The Guardian.com," accessed March 19, 2019, https://www.similarweb.com/website/theguardian.com.
2. Judith Townsend, "Alan Rusbridger on His Vision for a 'Mutualised Newspaper,'" Journalism.co.uk (blog post), April 30, 2010, https://blogs.journalism.co.uk/2010/04/30/alan-rusbridger-on-his-vision-for-a-mutualised-newspaper-video/.
3. Matthew Ingram, "Guardian Says Open Journalism Is the Only Way Forward," *GigaOm*, March 1, 2012, https://gigaom.com/2012/03/01/guardian-says-open-journalism-is-the-only-way-forward/.

4. Mike Butcher, "The Guardian Launches Open API for All Content—but They Still Control the Ads," *TechCrunch*, March 11, 2009, https://techcrunch.com/2009/03/10/the-guardian-launches-open-api-for-all-content-but-they-still-control-the-ads/.
5. Matt McAlister, "An Open Community News Platform: n0tice.com," *Matt McAlister* (blog), May 16, 2011, http://www.mattmcalister.com/blog/2011/05/16/1785/an-open-community-news-platform-n0tice-com/.
6. Justin Ellis, "The Guardian Creates an API for n0tice, Its Open News Platform," NiemanLab, May 22, 2012, http://www.niemanlab.org/2012/05/the-guardian-creates-an-api-for-n0tice-its-open-news-platform/.
7. Ibid.
8. Contribly, accessed August 10, 2018, http://www.contribly.com/.
9. GNM Press Office, "GuardianWitness to Open Up Guardian Journalism as Never Before," *The Guardian*, April 16, 2013, https://www.theguardian.com/gnm-press-office/guardianwitness-to-open-up-guardian-journalism-as-never-before.
10. "About athenaInsight," athenahealth website, accessed August 10, 2018, https://insight.athenahealth.com/about/.
11. "PayerView 2016: Industry Trends," athenahealth website, accessed August 10, 2018, http://www.athenahealth.com/network-data-insights/payerview?intcmp=10033987.
12. AWS Partner recruitment slide pack.
13. John Ellis, "The Guardian, CNN, Reuters, and More Enter into a Global Ad Alliance," *NiemanLab*, March 18, 2015, http://www.niemanlab.org/2015/03/the-guardian-cnn-reuters-and-more-enter-into-a-global-ad-alliance/.
14. Jack Marshall, "News Publishers Form Programmatic Advertising Alliance," *Wall Street Journal*, *CMO Today* (blog), March 18, 2015, https://blogs.wsj.com/cmo/2015/03/18/news-publishers-form-programmatic-advertising-alliance/.
15. Lara O'Reilly, "*The Guardian, Financial Times, Reuters*, CNN, and The Economist have formed an Ad Alliance to Take On Google and Facebook," *Business Insider*, March 8, 2015, https://www.businessinsider.com.au/publishers-form-pangaea-advertising-alliance-2015-3.
16. Dassault Systèmes Website, "Why Become a Technology Partner?," accessed August 24, 2017, https://www.3ds.com/partners/partnership-programs/technology-partners/why-become-a-technology-partner/.
17. Steven Levy, "Jeff Bezos Owns the Web in More Ways Than You Think," *Wired*, November 13, 2011, https://www.wired.com/2011/11/ff_bezos/.
18. "2nd Watch", AWS Partner Network, accessed August 24, 2017, http://www.aws-partner-directory.com/PartnerDirectory/PartnerDetail?Name=2nd+Watch; "Coca-Cola North America" case study, 2nd Watch website, accessed August 24, 2017, http://2ndwatch.com/resources/customers/coca-cola-migration/.
19. "Breakfast Seminar: Simulation Driven Design," Dassault Systèmes Events, accessed

August 24, 2017, https://www.3ds.com/events/single/breakfast-seminar-simulation-driven-design/.
20. "Innovation Unbridled," ARM, accessed August 24, 2017, http://www.arm.com/innovation.

第八章

1. "Looking Ahead," *Byte Magazine* 8, no. 1 (1983), accessed February 6, 2017, https://archive.org/stream/byte-magazine-1983-01-rescan/1983_01_BYTE _08-01_Looking_Ahead#page/n189/mode/2up.
2. "Aboard the Columbia," *PC Magazine*, June 1983, https://books.google.co.uk/books?id=14Kfbrc6cbAC&pg=PA451&lpg=PA451&dq=&redir_esc=y#v=onepage&q&f=false.
3. Paul Freiberger, "Bill Gates, Microsoft and the IBM Personal Computer," *InfoWorld*, August 23, 1982, https://books.google.com.sg/books?id=VDAEAAAAMBAJ&lpg=PA19&pg=PA22&redir_esc=y%20-%20v=onepage&q&f=true#v=onepage&q&f=false.
4. Andrew Ross Sorkin, Floyd Norris, "Hewlett-Packard in Deal to Buy Compaq for $25 Billion in Stock," *The New York Times*, September 4, 2001, https://www.nytimes.com/2001/09/04/business/hewlett-packard-in-deal-to-buy-compaq-for-25-billion-in-stock.html.
5. Stewart Brand, *Whole Earth Software Catalog* (Garden City, NY: Quantum Press, 1984), https://archive.org/stream/Whole_Earth_Software_Catalog_1984_Point/Whole_Earth_Software_Catalog_1984_Point_djvu.txt.
6. Corey Sandler, "IBM: Colossus of Armonk," *Creative Computing* 10, no. 11 (1984): 298.
7. Charles Bermant, "Endangered PCs," *PC Magazine*, May 14, 1985, 33.
8. Tom R. Halfhill, "The MS-DOS Invasion / IBM Compatibles Are Coming Home," *Compute!*, December 1986, 32.
9. Paul Thurrott, "IBM's PC Division: No Profit in More Than 3 Years," *IT Pro Today*, January 2, 2005, https://www.itprotoday.com/windows-8/ibms-pc-division-no-profit-more-3-years.
10. M. Iansiti and R. Levin, *The Keystone Advantage: What the New Dynamics of Business Ecosystems Mean for Strategy, Innovation, and Sustainability* (Boston: Harvard Business School Press, 2004).
11. Jay Barney, "Firm Resources and Sustained Competitive Advantage," *Journal of Business* 17, no. 1 (1991): 99–120.
12. Tony Smith, "Nokia Grabs 40% of Phone Market for First Time," *The Register*, January 24, 2008, accessed March 28, 2017, http://www.theregister.co.uk/2008/01/24/sa_q4_phone_figures/.
13. Charles Arthur, "Nokia's Chief Executive to Staff: 'We Are Standing on a Burning

Platform,'" The Guardian, February 9, 2011, accessed March 28, 2017, https://www.theguardian.com/technology/blog/2011/feb/09/nokia-burning-platform-memo-elop.

14. Gregory Gromov, *Roads and Crossroads of the Internet History* (published online 1995–2012), accessed March 29, 2017, http://history-of-internet.com.
15. "Browser Market Share," Net Marketshare, accessed March 27, 2017, https://www.netmarketshare.com/browser-market-share.aspx?qprid=0&qpcustomd=0.
16. Tim Mackenzie, "App Store Fees, Percentages, and Payouts: What Developers Need to Know," *TechRepublic*, May 7, 2012, http://www.techrepublic.com/blog/software-engineer/app-store-fees-percentages-and-payouts-what-developers-need-to-know/.
17. "Architecting a Secure and Connected World," ARM, accessed March 30, 2017, http://www.arm.com/company.
18. "Amazon S3 Pricing," Amazon Web Services, accessed March 30, 2017, https://aws.amazon.com/s3/pricing/.

第九章

1. We use the expression *ecosystem head* for the individual who leads the ecosystem leader. In previous chapters we used the concept of ecosystem leader to describe the team and the organization that provides leadership to the ecosystem.
2. Peter Williamson and Michelle Wang, "Alibaba Group's Taobao: From Intermediary to Ecosystem Enabler," University of Cambridge, Judge Business School, 2014, case study 10. (Case Centre case number 314-139-1, https://www.thecasecentre.org).
3. L. D. Parker, "Control in Organizational Life: The Contribution of Mary Parker Follett." *Academy of Management Review* 9, no. 4 (1984): 736–45.
4. Arnoud De Meyer, "Collaborative Leadership: A New Perspective for Leadership Development," in *The Future of Leadership Development*, ed. Jordi Canals (Basingstoke, UK: Palgrave Macmillan, 2011).
5. Susan Schneider and Arnoud De Meyer, "Interpreting and Responding to Strategic Issues: The Impact of National Culture," *Strategic Management Journal* 12, no. 1 (1991): 307–20.
6. The reader who wants to know more about the role of dualities in management is referred to Fons Trompenaars and Charles Hampden Turner, *Riding the Waves of Culture: Understanding Cultural Diversity in Global Business* (New York: McGraw-Hill, 1998).
7. Michael L. Tushman, Wendy K. Smith, and Andy Binns, "The Ambidextrous CEO," *Harvard Business Review*, 89, no. 6 (June 2011): 74–80.
8. A. De Meyer, "The Flow of Technical Information in an R&D Department," *Research Policy* 14, no. 6 (1985): 315-28.
9. Tim Ocock, "Symbian OS—One of the Most Successful Failures in Tech History," *TechCrunch*, November 9, 2010, https://techcrunch.com/2010/11/08/guest-post-symbian-os-one-of-the-most-successful-failures-in-tech-history-2/.
10. Jo Best, "'Android before Android: The Long, Strange History of Symbian and Why

It Matters for Nokia's Future," *ZD Net,* April 4, 2013, https://www.zdnet.com/article/android-before-android-the-long-strange-history-of-symbian-and-why-it-matters-for-nokias-future/.

第十章

1. Of course, we don't argue that all business activities will be organized in ecosystems. As we mentioned in chapter 2, there will always be room for supply chains, vertical integration, and so on. See also: J. Fuller M. G., Jacobides, and M. Reeves, "The Myths and Realities of Business Ecosystems," *Sloan Management Review*, February 2019.
2. "Baidu Unleashes Accelerated Innovation for Autonomous Driving at'China Speed'at CES 2018 in Las Vegas," GlobeNewswire, January 8, 2018, https:// globenewswire.com/news-release/2018/01/08/1285414/0/en/Baidu-Unleashes-Accelerated-Innovation-for-Autonomous-Driving-at-China-Speed-at-CES-2018-in-Las-Vegas.html.
3. Michael E. Porter, *Competitive Strategy* (New York: Free Press, 1980); MichaelE. Porter, *Competitive Advantage* (New York: Free Press, 1985).
4. Liz Flora, "Alibaba's Luxury Ambitions," Gartner L2, *Daily Insights*, April 2, 2018, https://www.l2inc.com/daily-insights/alibabas-luxury-ambitions.
5. Porter, *Competitive Advantage*, 15.
6. Cristina B. Gibson and Julian Birkinshaw, "The Antecedents, Consequences and Mediating Role of Organizational Ambidexterity, *Academy of Management Journal* 47, no. 2 (April 2004): 209–26.
7. "CST—Computer Simulation Technology," Dassault Systèmes, accessed August 26, 2017: https://www.cst.com/company/3ds.
8. Simon Erickson, "This'Secret'Amazon Technology Could Be Worth $15 Billion to Shareholders," *The Motley Fool*, September 19, 2017, https://www.fool.com/investing/2017/09/19/this-secret-amazon-technology-could-be-worth-15-bi.aspx.
9. John Thornhill, "Daniel Zhang of Alibaba on Leading a Supercharged Empire," *Financial Times*, September 3, 2017, https://www.ft.com/content/5a14153c-6d53-11e7-b9c7-15af748b60d0.
10. "Chinese Outbound Tourism Statistics in 2016: 122 Million Chinese Tourists Make Outbound Trips, Spend $109.8 Billion," Travel168, http://news.travel168.net/20170203/43145.html.
11. Sam Varghese, "OpenBSD to Support More Wireless Chipsets," *The Age*, March 1, 2005, https://www.theage.com.au/national/openbsd-to-support-more-wireless-chipsets-20050301-gdku1p.html.
12. Theo de Raadt, "Intel: Only'Open'for Business," *OpenBSD Journal*, September 30, 2006, http://www.undeadly.org/cgi?action=article&sid=20060930232710&mode=expanded.
13. Herb Rubenstein, "Book Review of *The Death of Competition: Leadership and Strategy*

in the Age of Business Ecosystems, by James F. Moore," Herb Rubenstein Consulting, http://www.herbrubenstein.com/articles/THE-DEATH-OF-COMPETITION.pdf.

14. James F. Moore, *The Death of Competition: Leadership and Strategy in the Age of Business Ecosystems* (New York: Harper Business, 1996).